Aplicación de la perspectiva de género en la selección de personal

Alicia Jiménez García

Aplicación de la perspectiva de género en la selección de personal
© Alicia Jiménez García

1ª Edición

© IC Editorial, 2024

Editado por: IC Editorial
c/ Cueva de Viera, 2, Local 3
Centro Negocios CADI
29200 Antequera (Málaga)
Teléfono: 952 70 60 04
Fax: 952 84 55 03
Correo electrónico: iceditorial@iceditorial.com
Internet: www.iceditorial.com

ISBN: 978-84-1184-407-9
Depósito Legal: MA 2299-2024

Impresión: PODiPrint
Impreso en Andalucía – España

Nota de la editorial: IC Editorial pertenece a Innovación y Cualificación S. L.

Índice

OBJETIVOS GENERALES

Los objetivos generales del título **Aplicación de la perspectiva de género en la selección de personal,** son los siguientes:

- ➲ Analizar las claves en las que se fundamenta el proceso de selección de personal según el enfoque de igualdad.
- ➲ Desarrollar el protocolo de actuación del proceso de selección de personal según criterios de igualdad.

Fundamentos del proceso selectivo bajo criterios de igualdad

Contenido

Objetivos

El objetivo general de esta Unidad de Aprendizaje es:

→ Analizar las claves en las que se fundamenta el proceso de selección de personal, según el enfoque de igualdad.

Los objetivos específicos de esta Unidad de Aprendizaje son:

→ Describir las fases que componen el proceso de selección de personal.

→ Interpretar las claves sobre la integración de la igualdad en el proceso selectivo.

→ Identificar actuaciones incorrectas en una entrevista, desde el punto de vista de la igualdad de trato.

→ Explicar el proceso de selección externo y las medidas de igualdad.

1. Introducción

Las empresas, en virtud del artículo 45 de la Ley Orgánica 3/2007, de 22 de marzo, tienen la obligación de respetar la igualdad de trato y de oportunidades en el trabajo y, por ello, deben "adoptar medidas dirigidas a evitar cualquier tipo de discriminación laboral entre mujeres y hombres". Los planes de igualdad de las organizaciones incluyen, como punto de partida en el cumplimiento de esta obligación, las actuaciones relacionadas con el proceso de selección y la contratación del personal.

Los aspectos básicos del proceso de selección y las implicaciones en clave de perspectiva de género se van a explicar mediante el proceso de selección que la empresa Ángel Morera e hijas, S. L. está llevando a cabo para ampliar su plantilla.

2. Conceptualización y características del proceso de selección

👉 **HILO CONDUCTOR**

En la empresa Ángel Morera e hijas, S. L. van a comenzar un proceso de selección de personal para aumentar su plantilla. En esta organización, su departamento de recursos humanos tiene muy en cuenta los preceptos y normas que se publican sobre la igualdad en el trabajo. En lo que respecta al proceso que van a iniciar, tienen claro en qué consiste y cómo lo deben hacer, aunque han de profundizar en las medidas de igualdad aplicables.

- -

El éxito en la constitución de una empresa pasa por encontrar al personal adecuado que cubra a la perfección las necesidades humanas y técnicas que se requieren para la consecución de los objetivos empresariales. Es por ello que elegir el personal que va a conformar la organización sea una tarea de gran importancia. El proceso que se sigue para conseguirlo es lo que se denomina **selección de personal.**

Cada vez más empresas realizan la selección de su personal de forma virtual.

 **NOTA**

La selección de personal es una de las funciones del área de recursos humanos (RR. HH.) de la empresa.

Las principales **características** del proceso de selección son:

> Depende de los objetivos de cada organización.

> Ha de estar integrado en la política de empresa y de personal.

> Se debe basar en la planificación de recursos humanos.

> Es la herramienta adecuada para diferenciar a la persona aspirante cualificada de la que no lo está.

> Su éxito depende de que el número de aspirantes sea el adecuado, que exista personal asignado para llevarlo a cabo y que el perfil de la persona candidata sea acorde con el puesto que esté elaborado previamente.

 **CONSEJO**

Un proceso de selección eficaz es aconsejable para lograr una plantilla cualificada, una disminución en los gastos de formación inicial y el establecimiento de un buen ambiente laboral.

Como en todo proceso, la selección de personal incluye las siguientes **fases:**

Fase previa

- **Planificación de RR. HH.:** previsión de las necesidades de personal de la empresa en el futuro.
- **Análisis de puestos:** estudio, análisis y descripción del puesto de trabajo.
- **Reclutamiento:** búsqueda y captación de personas interesadas en el puesto a cubrir y que reúnan el perfil diseñado a través de la divulgación de la oferta de empleo.

Fase operativa

- **Preselección:** primer filtro de aspirantes que no siguen en el proceso de selección por no cumplir los requisitos mínimos exigidos en la oferta de empleo.
- **Realización de exámenes o pruebas:** pueden ser pruebas profesionales, psicotécnicas, situacionales y/o de simulación, o médicas. También está incluida la entrevista.
- **Informe final:** análisis e integración de la información disponible, para crear los perfiles de cada aspirante y redactar un informe con la descripción sintetizada de todo el proceso seguido, además de los resultados obtenidos según las características evaluadas.
- **Toma de decisiones:** análisis y valoración de resultados, contraste de perfiles, elección de aspirantes y posterior comunicación.

Fase de incorporación

- **Incorporación:** puesta en marcha de los programas de acogida con el fin de facilitar la adaptación e integración de la persona candidata al puesto de trabajo y a la organización.
- **Período de prueba:** seguimiento, supervisión y evaluación de la persona trabajadora, para verificar el grado de adecuación al puesto y comprobar la eficacia del proceso de selección.

⮥ **Integración:** programas de formación, supervisión controlada, programas de orientación, planes de carrera, planes de promoción, traslados y sucesiones.

No se debe confundir selección con reclutamiento. El primer término hace referencia al proceso de elección de las personas trabajadoras más adecuadas al puesto de trabajo, mientras que el segundo es la tarea que consiste en poner en contacto a empresas y aspirantes.

 SABÍAS QUE...

La inteligencia artificial ha irrumpido también en los procesos de selección, aumentando en nuestro país el uso de esta herramienta en dicho proceso. Accede a una noticia que lo analiza desde aquí:

https://redirectoronline.com/1f93s

3. Claves para la incorporación de la perspectiva de género en el proceso de selección de personas

 HILO CONDUCTOR

El responsable de recursos humanos, Eduardo, ha reunido a las personas encargadas de llevar a cabo el proceso de selección. Le ha transmitido lo importante que es para la empresa realizarlo según las normas del plan de igualdad y de la legislación vigente. Eduardo, ha enviado un correo electrónico con el enlace a dicho plan y a las normas legales, para que lo apliquen correctamente.

Tiempo atrás, las mujeres han tenido más dificultades que los hombres para acceder al trabajo, debido a cuestiones únicamente relacionadas con estereotipos de género. Sin embargo, cada vez son más las empresas que están tomando conciencia sobre la importancia de incorporar la igualdad de oportunidades entre hombres y mujeres en el ámbito laboral. La aplicación de la perspectiva de género en las actividades que desarrollan las organizaciones se considera como **uno de los objetivos más perseguidos** en la actualidad.

En el proceso de selección de personal se está produciendo un cambio de paradigma basado en estudios que ponen de manifiesto la baja participación de la mujer en estos procesos o el escaso porcentaje que accede al puesto de trabajo, respecto a los hombres. La legislación española obliga a la **aplicación del principio de igualdad de trato y oportunidades entre mujeres y hombres en el acceso al empleo** (art. 5 Ley Orgánica 3/2007 de 22 de marzo).

El Estatuto de los Trabajadores regula la prohibición a la discriminación en el acceso al empleo por razón de sexo, orientación sexual, identidad sexual o expresión de género.

 **PARA SABER MÁS**

La Ley integral recoge el derecho a la igualdad de trato y no discriminación en el empleo por cuenta ajena. Puedes consultar esta información en el artículo 9 de la normativa accediendo desde aquí:

Continúa en página siguiente >>

<< Viene de página anterior

https://redirectoronline.com/nhm5y

El cambio hacia la igualdad en los procesos de selección junto con el cumplimiento de la normativa vigente, aporta a la empresa una serie de **beneficios:**

- **Personal más competente:** si en el proceso de selección del personal se opta por un abanico de personas con distinta formación y experiencia laboral sin tener en cuenta el género, la empresa tiene más posibilidades de captar aspirantes competitivos y eficientes para cubrir los puestos de trabajo. La organización en su conjunto sale fortalecida al conseguir reunir una plantilla más adecuada.
- **Capital humano más fortalecido:** potenciar la igualdad de oportunidades de selección permite a la empresa contar con personas trabajadoras muy diferentes, repercutiendo de forma favorable en el desarrollo de sus actividades. Proporciona flexibilidad y capacidad de adaptación a los cambios futuros.
- **Mejor imagen hacia el exterior:** al aplicar criterios de igualdad en la selección de personal, la empresa gana en imagen hacia el exterior. Transmite una imagen de organización que va conforme a los cambios en la sociedad y que avanza en materia de igualdad, que es responsable desde el punto de vista social y que está implicada en la igualdad de oportunidades entre mujeres y hombres.

 IMPORTANTE

El diseño de un protocolo de actuación bajo la perspectiva de género en el proceso de selección implica la adopción de medidas de igualdad en cada una de sus fases.

Existen aspectos, importantes y complementarios, a los que se debe atender a la hora de **diseñar un proceso** de selección de personal en clave de igualdad:

Compromiso de la empresa
- El primer paso en la implantación del plan de igualdad en la empresa es el compromiso que adquiere para incluir en su gestión empresarial la igualdad de trato y oportunidades entre mujeres y hombres. Este compromiso, formalizado en un documento y comunicado a toda la plantilla, debe estar integrado en todos los procesos desarrollados por la empresa, incluido el de selección de personal (ya sea interno o externo).

Sensibilización del personal implicado
- El personal de la empresa que haya sido designado para realizar el proceso de selección ha de tomar conciencia en materia de igualdad. Con el objetivo de aplicar de una forma adecuada las pautas, normas y protocolos sobre la igualdad de trato y de oportunidades entre hombres y mujeres, es conveniente que los implicados en el proceso asistan a cursos, jornadas o formación en general sobre ello. La importancia de no caer en estereotipos o sesgos de género en el desarrollo de las distintas fases del proceso de selección pasa por sensibilizar al personal implicado.

 **VÍDEO**

El Instituto de las Mujeres publica un interesante vídeo para sensibilizar a las empresas en la contratación de mujeres. Accede a él para visualizarlo desde aquí:

https://redirectoronline.com/r6nuf

ACTIVIDAD COMPLEMENTARIA

1. Durante el proceso de selección existen determinadas actuaciones que son discriminatorias hacia las mujeres. Busca un vídeo en el que se pongan de manifiesto algunas de ellas.

 TAREA 1

La empresa Cuántica S. L. U. evalúa los siguientes perfiles para ocupar un puesto de matemático o matemática:

- María, 35 años, ingeniera en matemáticas aplicadas al análisis de datos.
- David, 22 años, técnico superior en desarrollo de aplicaciones multiplataforma.
- Blanca, 24 años, especialista en inteligencia artificial y *big data*.

La empresa finalmente elige a María.

¿Cuál ha sido el proceso de selección que ha seguido la empresa? Explica sus fases.

4. Proceso selectivo externo bajo la perspectiva de género

 HILO CONDUCTOR

El director de la empresa le ha pedido a Eduardo que solicite un presupuesto para realizar el proceso de selección a través de una empresa externa especializada, para ver si es más ventajoso. Al hacer el encargo, Eduardo ha preguntado si en sus procesos de selección tienen integrada la perspectiva de género, ya que es un aspecto importante en su empresa.

El proceso de selección se puede realizar de forma interna en la empresa con los medios técnicos y humanos de los que dispone, o bien, **contratar los servicios de una entidad externa especializada.** En este último caso, en ocasiones, el servicio consiste en la implementación de modelos del proceso a seguir en la propia empresa cliente, o en el suministro de una aplicación informática que facilite alguna de las fases de la selección. Independientemente de cómo se preste el servicio, el cliente debe informar del compromiso que tiene con la igualdad de trato entre hombres y mujeres, con el objetivo de que se cumplan los siguientes puntos:

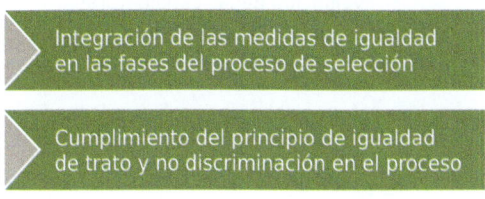

Integración de las medidas de igualdad en las fases del proceso de selección

Cumplimiento del principio de igualdad de trato y no discriminación en el proceso

 **NOTA**

Para afianzar el enfoque en igualdad en la selección de personal se debe asegurar que existan aspirantes de ambos sexos y que el proceso tenga carácter despersonalizado.

Con carácter general, el proceso se desarrolla siguiendo estos pasos en el orden en el que aparecen:

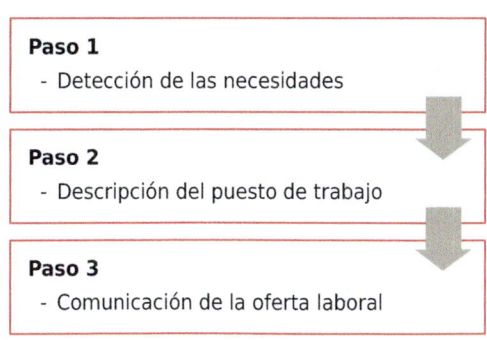

Paso 1
- Detección de las necesidades

Paso 2
- Descripción del puesto de trabajo

Paso 3
- Comunicación de la oferta laboral

Continúa en página siguiente >>

<< Viene de página anterior

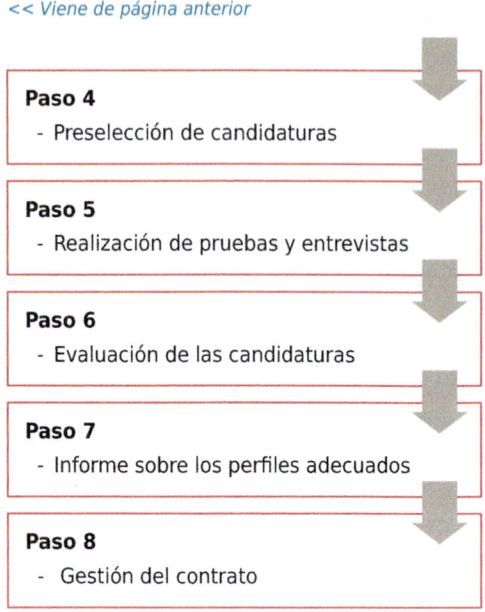

Paso 4
- Preselección de candidaturas

Paso 5
- Realización de pruebas y entrevistas

Paso 6
- Evaluación de las candidaturas

Paso 7
- Informe sobre los perfiles adecuados

Paso 8
- Gestión del contrato

Las **ventajas** que presenta el proceso de selección externo son: no es necesario invertir en formación, se produce una mayor captación de perfiles adecuados, se incorporan nuevos talentos al equipo de trabajo aportando una nueva visión, se genera una relación con el mercado laboral que hace estar al día con las nuevas tendencias y se conforma un grupo de trabajo con perfiles distintos, lo que aporta diversificación a la empresa.

En la **integración de las medidas de igualdad** hay que prestar especial interés en las siguientes etapas:

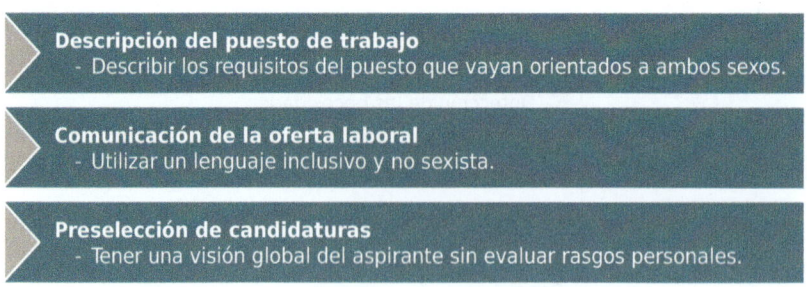

Descripción del puesto de trabajo
- Describir los requisitos del puesto que vayan orientados a ambos sexos.

Comunicación de la oferta laboral
- Utilizar un lenguaje inclusivo y no sexista.

Preselección de candidaturas
- Tener una visión global del aspirante sin evaluar rasgos personales.

Continúa en página siguiente >>

<< Viene de página anterior

Realización de pruebas y entrevistas
- Elaborar pruebas que no sean discriminatorias por razón de sexo.
- Realizar entrevistas sin la presencia de estereotipos de género.

Evaluación de las candidaturas
- Analizar solo las capacidades intelectuales requeridas para el desarrollo del trabajo.

Informe sobre los perfiles adecuados
- Crear un informe con lenguaje inclusivo y no sexista.

 **DEFINICIÓN**

Lenguaje inclusivo
Según Naciones Unidas, "por 'lenguaje inclusivo en cuanto al género' se entiende la manera de expresarse oralmente y por escrito sin discriminar a un sexo, género social o identidad de género en particular y sin perpetuar estereotipos de género".

5. Resumen

El proceso para elegir a las personas trabajadoras que van a formar una empresa es lo que se denomina como **selección de personal.** Es una función que, cuando se realiza de forma interna, la lleva a cabo el Departamento de Recursos Humanos. Este proceso cuenta con **características propias** y las siguientes **fases:**

Fase previa	Fase operativa	Fase de incorporación
- Planificación de RR. HH. - Análisis de puestos - Reclutamiento	- Preselección - Realización de exámenes o pruebas - Informe final - Toma de decisiones	- Incorporación - Periodo de prueba - Integración

Cada vez más empresas tienen entre sus objetivos empresariales integrar la perspectiva de género en el desarrollo de todas sus actividades, obligándose, para ello, a **cumplir con el principio de igualdad de trato y oportunidades entre mujeres y hombres** (Ley Orgánica 3/2007 de 22 de marzo) y, concretamente, en el acceso al empleo.

Esta integración de la igualdad en el proceso de selección le confiere a la empresa una serie de beneficios que se traducen en que se contrata personal más competente, se fortalece el capital humano de la organización y se muestra hacia el exterior una mejor imagen. En el diseño del proceso en clave de igualdad se debe tener en cuenta tanto el compromiso de la empresa como la sensibilización del personal implicado.

La empresa también puede optar por realizar el proceso de selección de su personal, contratando los servicios de una **entidad externa especializada,** que puede consistir en la implementación de un modelo en la propia empresa cliente o en una aplicación informática. Con independencia de cuál sea el servicio prestado, la entidad debe integrar las medidas de igualdad en las fases del proceso y cumplir con el principio de igualdad de trato y no discriminación.

Los **pasos** del proceso de selección externo, que se inician con la detección de las necesidades, también deben integrar las medidas de igualdad, tales como:

Descripción del puesto de trabajo
- Describir los requisitos del puesto que vayan orientados a ambos sexos.

Comunicación de la oferta laboral
- Utilizar un lenguaje inclusivo y no sexista.

Preselección de candidaturas
- Tener una visión global del aspirante sin evaluar rasgos personales.

Realización de pruebas y entrevistas
- Elaborar pruebas que no sean discriminatorias por razón de sexo.
- Realizar entrevistas sin la presencia de estereotipos de género.

Evaluación de las candidaturas
- Analizar solo las capacidades intelectuales requeridas para el desarrollo del trabajo.

Informe sobre los perfiles adecuados
- Crear un informe con lenguaje inclusivo y no sexista.

Ejercicios de autoevaluación
Unidad de Aprendizaje 1

1. **¿Cuáles son las fases del proceso de selección de personal? Selecciona todas las opciones correctas.**

   a. Fase previa
   b. Fase operativa
   c. Fase de reclutamiento
   d. Fase de incorporación

2. **En el acceso al empleo en condiciones de igualdad, ¿qué principio se debe aplicar?**

   a. Principio de paridad
   b. Principio retributivo igualitario
   c. Principio de igualdad de trato y oportunidades entre mujeres y hombres
   d. Principio de igualdad efectiva

3. **Determina si la siguiente oración es verdadera o falsa.**

   "En la selección de personal realizada por una empresa especializada no se necesitan integrar las medidas de igualdad".

   ■ Verdadero
   ■ Falso

4. **Determina si la siguiente oración es verdadera o falsa.**

   "El proceso de selección externalizado no presenta ventajas respecto al que se realiza en la propia empresa".

   ■ Verdadero
   ■ Falso

5. En el diseño del proceso de selección de personal en clave de igualdad, ¿qué aspectos se deben tener en cuenta? Selecciona todas las opciones correctas.

a. Contratar más mujeres que hombres.
b. Evitar la realización de la entrevista como medio de captación de personas trabajadoras.
c. Compromiso de la empresa de incorporar la perspectiva de género en sus actividades.
d. Sensibilización, en materia de igualdad, del personal implicado en el proceso de selección.

Diseño del protocolo de selección con perspectiva de género

Contenido

Objetivos

El objetivo general de esta Unidad de Aprendizaje es:

→ Desarrollar el protocolo de actuación del proceso de selección de personal según criterios de igualdad.

Los objetivos específicos de esta Unidad de Aprendizaje son:

→ Enunciar los criterios de igualdad adecuados para que la fase previa del proceso de selección tenga perspectiva de género.

→ Distinguir las medidas de igualdad aplicables en la preselección de personas candidatas a un puesto de trabajo vacante.

→ Detallar las normas necesarias para que la fase operativa tenga un enfoque de género.

→ Explicar cómo se consigue un plan de acogida en clave de igualdad.

→ Elaborar una oferta laboral bajo criterios de igualdad.

1. Introducción

Las implicaciones que tiene la integración de la perspectiva de género en el proceso de selección de personal han de ser conocidas, en principio, por el Departamento de Recursos Humanos de la empresa, además de las herramientas y medidas necesarias para ponerla en práctica. Las distintas fases que componen el proceso se analizan para conseguir que estén enfocadas a la igualdad entre hombres y mujeres, que no existan sesgos sexistas. Este cambio hacia un enfoque de género en la selección de personal no debe ser superficial y quedarse en el departamento de recursos humanos, ha de influir en la totalidad de la empresa. El diseño de un protocolo a seguir, compuesto por las distintas fases que tiene el proceso de selección, ayudará en la transformación.

Para conocer qué medidas de igualdad se integran en cada fase del proceso de selección de personal, se observarán las actuaciones de Eduardo como responsable del Departamento de RR. HH.

2. Fase previa. Perfil de la candidatura

👉 HILO CONDUCTOR

Finalmente, va a ser el Departamento de RR. HH. de la empresa Ángel Morera e hijas, S. L. el que realice el proceso de selección de personal de forma interna. La dirección ha detectado que su departamento de producción está deficitario de operarios u operarias con conocimientos en manejo de puente grúa y de cadena de montaje. Atendiendo a esta necesidad, se elaboran los perfiles adecuados para cubrir esos puestos de trabajo, sin tener en cuenta el sexo del futuro aspirante.

En la primera fase del proceso de selección hay que recordar que la empresa detecta las carencias profesionales que tiene, analiza los puestos de trabajo necesarios para cubrirlas y, finalmente, capta a las personas que están interesadas en esos puestos. Para que no existan sesgos de género en el diseño del perfil de la candidatura, **la descripción del puesto de trabajo se ha de intentar que no esté feminizada ni masculinizada.** Se asociarán sus tareas con las capacidades o habilidades profesionales que se requieren y no con situaciones o características personales.

El **contenido mínimo** de la descripción del puesto de trabajo para que sea útil a la empresa en el proceso de selección es el siguiente:

Denominación
- Nombre y descripción simple del puesto de trabajo.

Objetivos, funciones y responsabilidades
- Objetivos específicos del puesto y generales de la empresa, tareas propias y tareas complementarias del puesto e información de las áreas subordinadas al puesto.

Organigrama y relaciones interdepartamentales
- Información sobre el organigrama de la empresa y las relaciones con el resto de departamentos.

Capacidades, formación y experiencia
- Detalle de las habilidades, competencias, formación académica y experiencia requeridas.

Retribución y otros aspectos
- Nivel salarial según las tareas realizadas, descripción de aspectos, tales como, movilidad geográfica, jornada laboral, vacaciones, etc.

 **RECUERDA**

La descripción del puesto de trabajo vacante debe ser tal que sirva a la empresa para realizar una correcta selección de personal.

Las **medidas de igualdad** aplicables en la descripción del puesto de trabajo son:

La definición del puesto ha de basarse en los conocimientos, capacidades, experiencia en la materia, etc., y no en aspectos subjetivos de las personas.

Continúa en página siguiente >>

<< Viene de página anterior

> El Departamento de RR. HH. debe tener una visión global y objetiva del puesto que cubrir.

> Si existen instrucciones de trabajo (IT) del puesto vacante, estas han de estar redactadas bajo criterios de igualdad, es por eso que hay que revisarlas y modificarlas, incluyendo un lenguaje neutro o no sexista.

> Si el puesto de trabajo a cubrir es nuevo, la IT se redactará evitando criterios discriminatorios, utilizando un lenguaje inclusivo.

 **EJEMPLO**

Una empresa necesita cubrir un puesto en su Departamento de Transportes. Si se describe el puesto sin tener en cuenta criterios de igualdad y, la misma descripción, bajo la perspectiva de género, las diferencias son notables. Compruébalo a continuación:

Sin criterios de igualdad	Bajo criterios de igualdad
Vacante para conductor de camión	**Vacante para transportista**
- Conocimientos como conductor de camiones de gran tonelaje (tráiler). - Hombres de constitución fuerte para la carga y descarga de mercancía. - Trabajo nocturno, abstenerse personas con cargas familiares. - Experiencia como conductor de carretilla elevadora. - Hombres entre 25 y 50 años. - Disponer de carné de conducir C+E, abstenerse mujeres.	- Conocimientos en conducción de camiones de gran tonelaje (tráiler). - Personas de constitución fuerte para la carga y descarga de mercancía. - Trabajo nocturno. - Experiencia en conducción de carretilla elevadora. - Personas entre 25 y 50 años. - Disponer de carné de conducir C+E.

En la **divulgación de la oferta de empleo** bajo la perspectiva de igualdad, se han de aplicar medidas tales como las siguientes:

> Utilización de un lenguaje no sexista

> Incorporación de imágenes no estereotipadas

> Diversificación de los canales de comunicación de la oferta

NOTA

Cuando el proceso de selección bajo la perspectiva de género se realiza a nivel interno, la comunicación de la oferta debe ser a nivel global de toda la empresa, impidiendo, de esta forma que vaya dirigida únicamente a departamentos feminizados o masculinizados.

- -

3. Normas aplicables en la fase operativa

☞ HILO CONDUCTOR

Para llevar a cabo la siguiente fase del proceso de selección, Eduardo le ha asignado a cada miembro del equipo una de estas tareas: preselección, realización de pruebas y exámenes, y elaboración del informe final. Con la información recopilada, él junto con la dirección de la empresa tomará la decisión sobre la contratación.

- -

Las candidaturas recibidas (currículum) que se ajustan al perfil del puesto de trabajo diseñado en la fase previa son el punto de partida para iniciar la fase segunda, fase operativa. El Departamento de Recursos Humanos es el encargado de estudiar estas candidaturas y **realizar un primer filtro (preselección),** descartando aquellas que no cumplen los requisitos descritos en el perfil definido. El resto de aspirantes preseleccionados continuarán en el proceso.

La empresa debe aplicar en la fase operativa las medidas que contribuyan a obtener un resultado en igualdad.

 ## PARA SABER MÁS

Para que el proceso de selección de personal continúe realizándose bajo la perspectiva de género, la empresa debe determinar el nivel de igualdad que tiene su plantilla. El Instituto de las Mujeres dispone de una herramienta en forma de cuestionario técnico que lo explica. Accede desde aquí para verlo:

https://redirectoronline.com/za15c

Cuando en el análisis del puesto de trabajo, objeto del proceso de selección, se pone de manifiesto el mayor o menor grado de representación de hombres y mujeres existente, la medida de igualdad aplicable en la preselección va a **depender de que haya o no haya equilibrio de género.** Es por ello, que:

Existe equilibrio	- Esto implica que no hay una desigual representación de hombres o de mujeres en el puesto de trabajo a cubrir y, por ello, la medida consiste en analizar los currículums sin conocer los datos de identificación personal de las candidaturas (lo que se conoce como **currículums ciegos)**. De esta forma, la primera selección es meramente objetiva.
No existe equilibrio	- En este caso, la diferencia de representación de hombres y de mujeres en el puesto vacante hace que la medida sea conocer cuál es el sexo subrepresentado para, de esta forma, darle más prioridad a la hora de ser elegido ante condiciones idénticas.

 ## DEFINICIÓN

Subrepresentación
Término que hace referencia a la menor representación de un colectivo o grupo concreto, en un análisis global.

- -

 ## APLICACIÓN PRÁCTICA

La empresa Arcos quiere cubrir un puesto de trabajo mediante un proceso de selección bajo la perspectiva de género. El personal responsable del proceso cuenta con información que revela que dicho puesto está formado, actualmente, por igual número de mujeres que de hombres. Conociendo este dato, ¿qué medida de igualdad se aplica en la preselección de candidaturas?

Solución

El proceso de selección de personal bajo la perspectiva de género requiere la aplicación de determinadas medidas de igualdad en cada fase del mismo. En lo que respecta a la preselección, el personal responsable del proceso de la empresa Arcos, conociendo el equilibrio en género que existe en el puesto a cubrir, aplicarán la medida consistente en analizar cada currículum de las personas candidatas. En este caso, no se darán a conocer sus datos personales con el fin de valorar exclusivamente sus conocimientos y habilidades para el puesto, con independencia de su sexo.

- -

Para afianzar la perspectiva de género en la preselección se aplican **otras normas** como las siguientes:

> La preselección debe ajustarse solo a los requisitos del perfil diseñado, sin entrar a valorar aspectos individuales de cada aspirante.

> En la preselección han de evitarse las comparativas entre las distintas candidaturas, con el fin de no realizar valoraciones subjetivas que puedan resultar discriminatorias por razón de sexo.

 CONSEJO

Si el resultado de la preselección es insuficiente para continuar con el proceso de selección, se aconseja volver a empezar desde la fase de divulgación de la oferta.

Una vez preseleccionados los currículums que se adaptan al perfil solicitado, el siguiente paso es el **desarrollo de las distintas pruebas selectivas** diseñadas. Con independencia de su tipo (psicotécnica, situacional, teórico-práctica, médica, etc.), para que su realización esté conforme a las normas de igualdad, estas **han de valorar aspectos objetivos** (conocimientos, habilidades, capacidades, etc.) **y no aspectos subjetivos** (sexo, edad, situación familiar, etc.).

La prueba selectiva por excelencia es la **entrevista,** que se define como la fase del proceso de selección en la que una persona cualificada valora la idoneidad de la persona aspirante al puesto de trabajo vacante mediante la formulación de diferentes cuestiones. Para que la entrevista se desarrolle según criterios de igualdad, se han de seguir las siguientes **normas:**

- ⮞ Se aconseja disponer de un protocolo que sirva de guía, para evitar la improvisación y que no se caiga en sesgos de género.
- ⮞ Las cuestiones a tratar deben seguir reglas estándar, para no diferenciar a las personas candidatas por su sexo.
- ⮞ En su diseño se incluirán herramientas para actuar contra las desigualdades de género.
- ⮞ Se han de celebrar en distintos días y horarios para que las cargas familiares o el tiempo limitado no sea un obstáculo para asistir y conseguir que no influya de forma negativa en las mujeres.

- No se pueden formular preguntas relacionadas con la vida personal (por ejemplo, ¿tienes pareja?) o con la familia (por ejemplo, ¿quieres tener hijos?), ya que son un obstáculo de acceso al puesto, en su mayoría, para las mujeres.
- Si se van a utilizar cuestionarios ya definidos en procesos de selección anteriores, hay que revisarlos para eliminar aquellas preguntas que pudieran ser discriminatorias por razón de sexo.
- Para garantizar una valoración final no basada en aspectos subjetivos, en la entrevista se han de tener claros los requisitos relacionados con las capacidades y conocimientos de las personas candidatas, de forma que sus aspectos personales no sean determinantes de la elección.

El Departamento de RR. HH., junto con el mando que corresponda, analizarán los resultados obtenidos en las distintas pruebas realizadas a las personas candidatas, incluida la entrevista. Este punto de la fase operativa es un buen momento para detectar aquellos aspectos que hayan podido provocar **discriminación indirecta** entre mujeres y hombres.

Con toda la información recopilada de cada aspirante **se elabora el informe final,** que será determinante para tomar la decisión de a quién elegir. En la redacción de este informe se debe **cuidar el lenguaje utilizado, para no incluir términos sexistas.**

Finalmente, se comunica a las personas candidatas elegidas tal decisión y a las que no han sido seleccionadas, se les informa de la incorporación de sus datos en una base interna para futuros procesos de selección.

 PARA SABER MÁS

El Instituto de las Mujeres tiene disponible una guía sobre el lenguaje no sexista que sirve de ayuda para la elaboración de escritos. Accede desde aquí para consultarla:

https://redirectoronline.com/xm5zd

4. Planes de acogida en igualdad en la fase de incorporación

☞ **HILO CONDUCTOR**

Eduardo le comunica a Bárbara que ha sido seleccionada para ocupar el puesto de operaria de puente grúa y a Pedro para el de la cadena de montaje. Además, les informa de los detalles de su incorporación a la empresa, del período de prueba que van a pasar y del programa de integración que incluye las características de la promoción, la formación que pueden recibir, las vacaciones que les corresponden y el número de ausencias retribuidas sin justificación.

La fase de incorporación, última del proceso de selección, consiste en **integrar en la empresa a la persona candidata elegida,** siguiendo lo que se conoce como un **plan de acogida.** Con esta herramienta se consigue que la persona conozca la organización a la cual va a pertenecer y al equipo de trabajo con el que va a desarrollar sus tareas. A través del plan, la empresa describe sus normas internas, sus procedimientos administrativos y organizacionales, además de dar a conocer su cultura organizativa propia.

El plan de acogida en la empresa ha de estar diseñado bajo criterios de igualdad de trato.

En el plan se detalla la **formación específica** que recibirá la persona trabajadora para una correcta adaptación a su puesto y la **formación obligatoria** que la empresa imparte con carácter general a su plantilla (PRL, formación para el empleo, primeros auxilios, etc.), de la cual se beneficiará también. En

el plan de acogida se recogerán las normas de igualdad que la empresa debe aplicar para conseguir un enfoque de género en esta fase de integración, y que son:

Principio	- La empresa actuará cumpliendo el principio de igualdad de trato y oportunidades entre mujeres y hombres, regulado en la normativa vigente.
Tratamiento	- La persona trabajadora nueva ha de percibir y recibir el mismo trato, con independencia de su género.
Clima laboral	- La empresa debe incluir en su cultura organizacional la igualdad de trato entre mujeres y hombres, favoreciendo un buen clima laboral y fomentando la competitividad entre sus miembros.

IMPORTANTE

En caso de existir alguna negociación relacionada con la contratación de la nueva persona trabajadora, el proceso se realizará bajo criterios de igualdad, aplicando normas como las relacionadas con la igualdad retributiva entre mujeres y hombres que realizan igual trabajo.

TAREA 2

La empresa textil Panda quiere cubrir un puesto vacante en el Departamento de Diseño como responsable de patronaje. Esta quiere que en el proceso de selección de personal se apliquen las medidas de igualdad necesarias. En base a ello, elabora la oferta de empleo pertinente.

5. Resumen

En la **fase previa** del proceso de selección de personal bajo la perspectiva de género cobra especial relevancia el diseño del perfil de la persona candidata sin que existan sesgos de género. Es por ello, que la **descripción del puesto de trabajo** no puede estar feminizada ni masculinizada, sino basada en las características profesionales que se requieren para cubrirlo. Para que sea útil a la empresa, la descripción debe tener un contenido mínimo. Las medidas de igualdad aplicables están relacionadas con la forma de definir el puesto, la visión global y objetiva que ha de tener la empresa y las instrucciones de trabajo.

Las medidas de igualdad que se aplican en la **divulgación de la oferta de empleo** son:

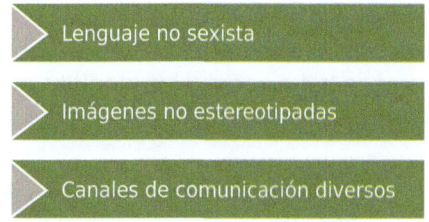

La **fase operativa** del proceso de selección comienza con la recepción de las candidaturas para posteriormente proceder a su análisis y realizar una primera selección (**preselección**). Como medidas de igualdad aplicables a este proceso están la valoración de los requisitos del perfil diseñado y no de aspectos subjetivos de las candidaturas, así como evitar realizar comparaciones entre las mismas. Además, dependiendo de la existencia o no de un equilibrio en género en el puesto vacante, las medidas son:

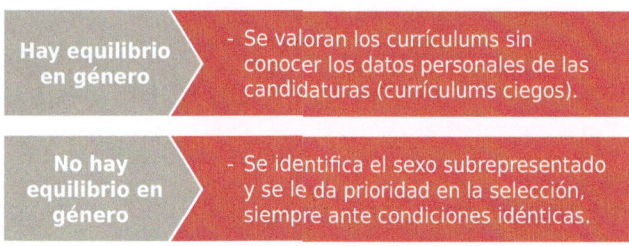

En el desarrollo de las distintas **pruebas o exámenes del proceso de selección** se han de valorar aspectos objetivos (por ejemplo, conocimientos) y no aspectos subjetivos (por ejemplo, situación familiar). La prueba selectiva principal es la **entrevista** y para que se realice bajo criterios de igualdad, las cuestiones planteadas deben cumplir una serie de medidas de igualdad, tales como, no improvisar, seguir reglas comunes para ambos sexos, prohibir determinadas cuestiones personales, etc.

Como último paso de la fase previa se elabora el **informe final** con toda la información recopilada hasta el momento, evitando en su redacción un lenguaje sexista y la utilización de términos discriminatorios. La decisión de contratación se comunica a la persona seleccionada, y a la no elegida se le informa de su inclusión en una base de datos.

En la fase de incorporación del proceso de selección es donde se integra a la persona elegida en la empresa, para lo cual se aplica un **plan de acogida.** En él se describen las normas internas de la empresa, sus procedimientos administrativos y organizacionales, además de las características de su cultura organizativa. También recoge información sobre la formación que recibirá la nueva persona trabajadora y las medidas de igualdad aplicables en esta fase, que son:

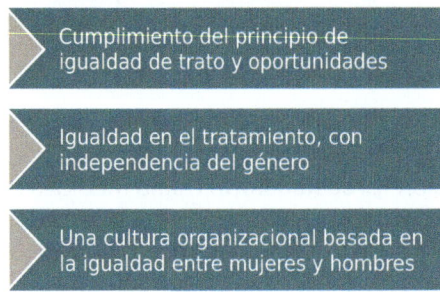

Cumplimiento del principio de igualdad de trato y oportunidades

Igualdad en el tratamiento, con independencia del género

Una cultura organizacional basada en la igualdad entre mujeres y hombres

Ejercicios de autoevaluación
Unidad de Aprendizaje 2

1. Indica si la siguiente afirmación es verdadera o falsa:

   "En la oferta de empleo, la descripción del puesto de trabajo no puede estar feminizada ni masculinizada".

   - Verdadero
   - Falso

2. En la divulgación de la oferta de trabajo, ¿qué medidas de igualdad se aplican?

   a. Utilización de imágenes no estereotipadas.
   b. Uso de un lenguaje no sexista.
   c. Incorporación de información feminizada y/o masculinizada.
   d. Diversificación de los canales de comunicación.

3. Si el análisis del puesto de trabajo vacante revela que hay equilibrio en género, ¿qué norma de igualdad se sigue en el proceso de preselección?

   a. Se identifica cuál es el sexo subrepresentado y se le da prioridad respecto al otro.
   b. No se realiza la preselección de las candidaturas.
   c. Se valoran los currículums ciegos.
   d. Se analizan los aspectos de cada aspirante.

4. Indica si la siguiente afirmación es verdadera o falsa:

   "En el desarrollo de las pruebas selectivas se evalúan habilidades, conocimientos o capacidades de las personas candidatas".

   - Verdadero
   - Falso

5. ¿Qué norma de igualdad no se recoge en el plan de acogida?

    a. Igualdad de trato entre mujeres y hombres para favorecer un buen clima laboral.

    b. Percepción de igualdad en el tratamiento hacia la persona trabajadora nueva.

    c. Cumplimiento del principio de igualdad de trato y oportunidades entre mujeres y hombres.

    d. Realización de pruebas y exámenes sin distinción entre mujeres y hombres.

Glosario

Brecha de género
Diferencia entre la tasa masculina y la femenina de una determinada variable.

Clima laboral
Entorno en el que se dan las relaciones de trabajo y que influye en la motivación de las personas trabajadoras.

Cultura organizacional
Conjunto de normas propias que sigue una organización.

Currículum ciego
Es un tipo de currículum en el que no se valoran aspectos como edad, sexo, nacionalidad, imagen u otros similares.

Discriminación
Situación en que se halla una persona que, por razón de su sexo, es tratada de forma menos favorable que otra en su misma situación.

Discriminación directa
Situación en que una persona es tratada por razón de sexo de manera menos favorable que otra en situación comparable.

Discriminación indirecta
Situación en que una disposición neutra sitúa a personas de un sexo determinado en desventaja con respecto a las del otro sexo.

Enfoque
Acción dirigida a prestar atención o interés hacia un asunto o problema con el objetivo de intentar solucionarlo correctamente.

Equidad de género
Hace referencia a la igualdad de oportunidades entre mujeres y hombres.

Estereotipo
Percepción exagerada y con pocos detalles que se tiene sobre una persona.

Género
Relativo al grupo de personas con un sexo determinado.

Implementar
Ejecutar una determinada tarea.

Lenguaje no sexista
Dícese de aquel que no distingue entre sexos.

Objetivo
Relativo al objeto.

Organigrama
Esquema de la estructura de una empresa.

Perspectiva de género
Tener en consideración y prestar atención a las diferencias entre mujeres y hombres en cualquier actividad de una política o acción.

Sesgo de género
Inclinación hacia una persona o grupo según su sexo.

Subjetividad
Relativo al sujeto.

Bibliografía

Textos electrónicos, bases de datos y programas informáticos

→ Guía para aplicar la igualdad en los procesos de selección, de: <https://proteccciondatos-lopd.com/empresas/igualdad-procesos-seleccion/>.

> Página web del Grupo Ático en la que está disponible esta guía con los fundamentos básicos para la realización de un proceso selectivo de personal bajo criterios de igualdad.

→ Instituto de las Mujeres, de: <https://www.inmujeres.gob.es/>.

> Página web nacional del Instituto de las Mujeres en la que se puede encontrar información muy diversa relacionada con el ámbito de la igualdad en los distintos escenarios donde se puede aplicar.

→ Ministerio de Igualdad, de: <https://www.igualdad.gob.es/>.

> Página web del Ministerio de Igualdad con enlaces a organismos relacionados con este ámbito.

Legislación y normativa

→ Ley Orgánica 3/2007, de 22 de marzo, para la igualdad efectiva de mujeres y hombres.

→ Ley 15/2022, de 12 de julio, integral para la igualdad de trato y la no discriminación.

Aplicación de los sistemas alternativos y aumentativos de comunicación

Laura Cuevas Cuevas

ic editorial

Aplicación de los sistemas alternativos y aumentativos de comunicación
© Laura Cuevas Cuevas

1ª Edición

© IC Editorial, 2024

Editado por: IC Editorial
c/ Cueva de Viera, 2, Local 3
Centro Negocios CADI
29200 Antequera (Málaga)
Teléfono: 952 70 60 04
Fax: 952 84 55 03
Correo electrónico: iceditorial@iceditorial.com
Internet: www.iceditorial.com

ISBN: 978-84-1184-396-6
Depósito Legal: MA 2271-2024

Impresión: PODiPrint
Impreso en Andalucía – España

Nota de la editorial: IC Editorial pertenece a Innovación y Cualificación S. L.

Presentación del manual

El **Certificado de Profesionalidad** es el instrumento de acreditación, en el ámbito de la Administración laboral, de las cualificaciones profesionales del Catálogo Nacional de Cualificaciones Profesionales adquiridas a través de procesos formativos o del proceso de reconocimiento de la experiencia laboral y de vías no formales de formación.

El elemento mínimo acreditable es la **Unidad de Competencia.** La suma de las acreditaciones de las unidades de competencia conforma la acreditación de la competencia general.

Una **Unidad de Competencia** se define como una agrupación de tareas productivas específica que realiza el profesional. Las diferentes unidades de competencia de un certificado de profesionalidad conforman la **Competencia General,** definiendo el conjunto de conocimientos y capacidades que permiten el ejercicio de una actividad profesional determinada.

Cada **Unidad de Competencia** lleva asociado un **Módulo Formativo,** donde se describe la formación necesaria para adquirir esa **Unidad de Competencia,** pudiendo dividirse en **Unidades Formativas.**

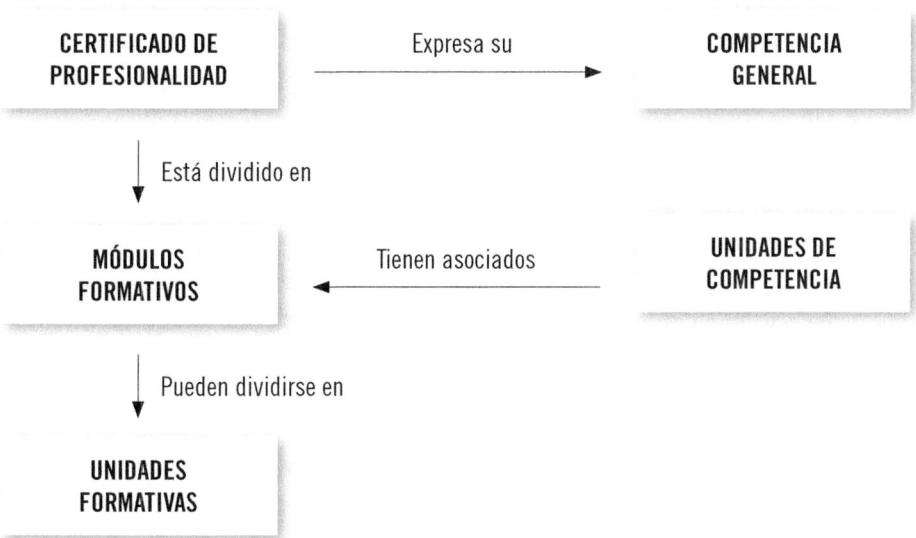

El presente manual desarrolla la Unidad Formativa **UF2277: Aplicación de los Sistemas Alternativos y aumentativos de comunicación,**
perteneciente a los Módulos Formativos:

- **MF1426_3:** Aplicación técnica de movilidad, orientación y deambulación en los desplazamientos internos por el centro educativo del alumnado con necesidades educativas especiales (ACNEE),
- **MF1427_3:** Participación en los programas de enseñanza-aprendizaje en el aula de referencia del alumnado con necesidades educativas especiales (ACNEE),
- **MF1428_3:** Autonomía e higiene personal en el aseo del alumnado con necesidades educativas especiales,
- **MF1429_3:** Atención y vigilancia en la actividad del recreo del alumnado con necesidades educativas especiales,
- **MF1430_3:** Hábitos y autonomía en la alimentación del alumnado con necesidades educativas especiales (ACNEE), en el comedor escolar,

asociados a las unidades de competencia:

- **UC1426_3** Acompañar al alumnado con necesidades educativas especiales (ACNEE) en los desplazamientos internos en el centro educativo,
- **UC1427_3:** Ejecutar, en colaboración con el tutor/a y/o con el equipo interdisciplinar del centro educativo, los programas educativos del alumnado con necesidades educativas especiales (ACNEE) en su aula de referencia,
- **UC1428_3:** Implementar los programas de autonomía e higiene personal en el aseo del alumnado con necesidades educativas especiales (ACNEE), participando con el equipo interdisciplinar del centro educativo,
- **UC1429_3:** Atender y vigilar en la actividad de recreo al alumnado con necesidades educativas especiales (ACNEE), participando junto a el/la tutor/a en el desarrollo tanto de los programas de autonomía social como en los programas de actividades lúdicas,
- **UC1430_3:** Atender al alumnado con necesidades educativas especiales (ACNEE) en el comedor escolar, participando con el equipo interdisciplinar del centro educativo en la implementación de los programas de hábitos de alimentación,

del Certificado de Profesionalidad **Atención al alumnado con necesidades educativas especiales (ACNEE) en centros educativos.**

MF1426_3

Aplicación técnica de movilidad, orientación y deambulación en los desplazamientos internos por el centro educativo del alumnado con necesidades educativas especiales (ACNEE)

Tiene asociado el

←

UNIDAD DE COMPETENCIA
UC1426_3

Acompañar al alumnado con necesidades educativas especiales (ACNEE) en los desplazamientos internos en el centro educativo

Compuesto de las siguientes
UNIDADES FORMATIVAS

∨

UF2277
Aplicación de los Sistemas Alternativos y aumentativos de comunicación

⟨ UNIDAD FORMATIVA DESARROLLADA EN ESTE MANUAL

UF2416
Utilización de las técnicas de movilidad en desplazamientos internos por el centro educativo del ACNEE

MF1427_3

Participación en los programas de enseñanza-aprendizaje en el aula de referencia del alumnado con necesidades educativas especiales (ACNEE)

Tiene asociado el ←

UNIDAD DE COMPETENCIA UC1427_3

Ejecutar, en colaboración con el tutor/a y/o con el equipo interdisciplinar del centro educativo, los programas educativos del alumnado con necesidades educativas especiales (ACNEE) en su aula de referencia

Compuesto de las siguientes
UNIDADES FORMATIVAS

⌄

UF2277
Aplicación de los Sistemas Alternativos y aumentativos de comunicación

〈 UNIDAD FORMATIVA DESARROLLADA EN ESTE MANUAL

UF2417
Aplicación de los programas de habilidades de autonomía personal y social del alumnado con necesidades educativas especiales

UF2418
Actividades complementarias y de descanso del alumnado con necesidades educativas especiales

MF1428_3

Autonomía e higiene personal en el aseo del alumnado con necesidades educativas especiales

Tiene asociado el

UNIDAD DE COMPETENCIA UC1428_3

Implementar los programas de autonomía e higiene personal en el aseo del alumnado con necesidades educativas especiales (ACNEE), participando con el equipo interdisciplinar del centro educativo

Compuesto de las siguientes
UNIDADES FORMATIVAS

UF2277
Aplicación de los Sistemas Alternativos y aumentativos de comunicación

UNIDAD FORMATIVA DESARROLLADA EN ESTE MANUAL

UF2419
Programas de autonomía e higiene en el aseo personal del ACNEE

MF1429_3

Atención y vigilancia en la actividad del recreo del alumnado con necesidades educativas especiales

Tiene
asociado el

←

**UNIDAD DE COMPETENCIA
UC1429_3**

Atender y vigilar en la actividad de recreo al alumnado con necesidades educativas especiales (ACNEE), participando junto a el/la tutor/a en el desarrollo tanto de los programas de autonomía social como en los programas de actividades lúdicas

Compuesto de las siguientes
UNIDADES FORMATIVAS

⌄

UF2277
Aplicación de los Sistemas Alternativos y aumentativos de comunicación

UNIDAD
FORMATIVA
DESARROLLADA
EN ESTE MANUAL

UF2420
Programas de actividad lúdica en el recreo

MF1430_3

Hábitos y autonomía en la alimentación del alumnado con necesidades educativas especiales (ACNEE), en el comedor escolar

Tiene asociado el

UNIDAD DE COMPETENCIA
UC1430_3

Atender al alumnado con necesidades educativas especiales (ACNEE) en el comedor escolar, participando con el equipo interdisciplinar del centro educativo en la implementación de los programas de hábitos de alimentación

Compuesto de las siguientes
UNIDADES FORMATIVAS

UF2277
Aplicación de los Sistemas Alternativos y aumentativos de comunicación

UNIDAD FORMATIVA DESARROLLADA EN ESTE MANUAL

UF2421
Programas de autonomía e higiene personal, a realizar en el comedor escolar con un ACNEE

UF2422
Programas de adquisición de hábitos de alimentación y autonomía de un ACNEE que se realizan en un comedor escolar

FICHA DE CERTIFICADO DE PROFESIONALIDAD

(SSCE0112) ATENCIÓN AL ALUMNADO CON NECESIDADES EDUCATIVAS ESPECIALES (ACNEE) EN CENTROS EDUCATIVOS (R. D. 625/2013, de 2 de agosto y corrección de erratas del R. D. 625/2013, BOE 22/11/2013)

COMPETENCIA GENERAL: Acompañar al alumnado con necesidades educativas especiales (ACNEE) tanto en los desplazamientos, como en la realización de las actividades relacionadas con los programas de autonomía personal e higiene y de enseñanza-aprendizaje, durante el periodo escolar, utilizando metodología, técnicas y recursos, bajo la supervisión del equipo interdisciplinar del centro educativo, para satisfacer las necesidades básicas de aseo, alimentación y descanso del ACNEE, procurando su autonomía y garantizando la seguridad del mismo, cumpliendo con la normativa aplicable en los centros educativos.

Cualificación profesional de referencia	Unidades de competencia		Ocupaciones o puestos de trabajo relacionados
SSC444_3 ATENCIÓN AL ALUMNADO CON NECESIDADES EDUCATIVAS ESPECIALES (ACNEE) EN CENTROS EDUCATIVOS (R. D. 1096/2011, de 22 de julio)	UC1426_3	Acompañar al alumnado con necesidades educativas especiales (ACNEE) en los desplazamientos internos en el centro educativo	• Auxiliar Técnico/a Educativo/a • Ayudante Técnico/a Educativo/a • Especialista de Apoyo Educativo • Educador/a de Educación Especial • Integrador/a social
	UC1427_3	Ejecutar, en colaboración con el tutor/a y/o con el equipo interdisciplinar del centro educativo, los programas educativos del alumnado con necesidades educativas especiales (ACNEE) en su aula de referencia	
	UC1428_3	Implementar los programas de autonomía e higiene personal en el aseo del alumnado con necesidades educativas especiales (ACNEE), participando con el equipo interdisciplinar del centro educativo	
	UC1429_3	Atender y vigilar en la actividad de recreo al alumnado con necesidades educativas especiales (ACNEE), participando junto a el/la tutor/a en el desarrollo tanto de los programas de autonomía social como en los programas de actividades lúdicas	
	UC1430_3	Atender al alumnado con necesidades educativas especiales (ACNEE) en el comedor escolar, participando con el equipo interdisciplinar del centro educativo en la implementación de los programas de hábitos de alimentación	

Correspondencia con el Catálogo Modular de Formación Profesional

Módulos certificado	Unidades formativas	Horas
MF1426_3: Aplicación técnica de movilidad, orientación y deambulación en los desplazamientos internos por el centro educativo del alumnado con necesidades educativas especiales (ACNEE)	UF2277: Aplicación de los Sistemas Alternativos y aumentativos de comunicación	30
	UF2416: Utilización de las técnicas de movilidad en desplazamientos internos por el centro educativo del ACNEE	70
MF1427_3: Participación en los programas de enseñanza-aprendizaje en el aula de referencia del alumnado con necesidades educativas especiales (ACNEE)	UF2277: Aplicación de los Sistemas Alternativos y aumentativos de comunicación	30
	UF2417: Aplicación de los programas de habilidades de autonomía personal y social del alumnado con necesidades educativas especiales	50
	UF2418: Actividades complementarias y de descanso del alumnado con necesidades educativas especiales	70
MF1428_3: Autonomía e higiene personal en el aseo del alumnado con necesidades educativas especiales	UF2277: Aplicación de los Sistemas Alternativos y aumentativos de comunicación	30
	UF2419: Programas de autonomía e higiene en el aseo personal del ACNEE	70
MF1429_3: Atención y vigilancia en la actividad del recreo del alumnado con necesidades educativas especiales	UF2277: Aplicación de los Sistemas Alternativos y aumentativos de comunicación	30
	UF2420: Programas de actividad lúdica en el recreo	90
MF1430_3: Hábitos y autonomía en la alimentación del alumnado con necesidades educativas especiales (ACNEE), en el comedor escolar	UF2277: Aplicación de los Sistemas Alternativos y aumentativos de comunicación	30
	UF2421: Programas de autonomía e higiene personal, a realizar en el comedor escolar con un ACNEE	40
	UF2422: Programas de adquisición de hábitos de alimentación y autonomía de un ACNEE que se realizan en un comedor escolar	50
MP0503: Módulo de prácticas profesionales no laborales		80

Índice

Capítulo 1

SAAC: tipos y características

Contenido

1. Introducción

La comunicación es la capacidad que tienen todos los seres humanos para relacionarse con su entorno e intercambiar ideas y sentimientos.

En algunos casos, existe algún obstáculo para poder comunicar debido a dificultades psíquicas, motrices o sensoriales, por lo que la comunicación no se produce de manera espontánea.

Por ello, es necesario establecer sistemas complementarios que permitan que las personas que sufran algún tipo de dificultad o deficiencia accedan a la comunicación en igualdad de condiciones, ya que poder comunicar es fundamental para el total desarrollo de las personas.

Los sistemas que se desarrollen deben estar adaptados a las características y necesidades de cada uno y deben garantizar una comunicación de calidad entre los interlocutores.

2. Definición de SAAC

Montero González, Pedro (2003) señala que los Sistemas Aumentativos y Alternativos de Comunicación (SAAC) "son un conjunto de recursos, sistemas o estrategias dirigidos a facilitar la comprensión y la expresión del lenguaje de personas que tienen dificultades en la adquisición del habla y/o en la escritura, y su finalidad es la de aumentar el habla o sustituirla."

Gracias a los SAAC, aquellas personas con dificultades en la comunicación podrán expresar sus deseos, intercambiar información,... de la manera más clara y autónoma posible.

Es posible diferenciar entre:

- **Sistemas aumentativos:** se necesita un sistema que incremente el lenguaje oral. La persona puede hablar con palabras, pero puede usar pocas palabras.

- **Sistemas alternativos:** se necesita un sistema que sustituya al lenguaje oral. La persona no puede hablar con su voz, así que necesita otro sistema alternativo para poder comunicarse.

Además, estos dos tipos de comunicación pueden ser con ayudas o sin ayudas.

2.1. Comunicación con ayuda

Este tipo de comunicación requiere que la persona utilice algún tipo de soporte técnico.

Las características de la comunicación con ayuda son:

- No es necesario que la persona que la utilice posea un buen control motriz.
- La comunicación entre los interlocutores es lenta, lo que impide la eficacia e inmediatez comunicativa.

2.2. Comunicación sin ayuda

En este caso, la persona se vale únicamente de sus propias habilidades, sin necesidad de utilizar ningún recurso técnico.

Las características de este tipo de comunicación son:

- La persona que la emplea no presenta dificultades en la motricidad.
- Tanto el emisor como el receptor deben conocer el sistema empleado.
- La comunicación es fluida, ya que garantiza un *feedback* inmediato entre el emisor y el receptor.

Sabía que...

Los sistemas alternativos y aumentativos de comunicación poseen las siguientes ventajas:

I Optimizan el lenguaje oral.
I Establece estrategias de comunicación efectivas.
I Eliminan la ansiedad y el aislamiento al posibilitar una forma de comunicación.
I Se utilizan de forma fácil y sencilla en la vida diaria del niño.
I Fomenta las relaciones interpersonales del niño, al proporcionarle una forma de comunicarse con los demás.
I Los SAAC están adaptados a las nuevas tecnologías.

Aplicación práctica

Establezca el sistema de comunicación más apropiado para un niño que padece parálisis cerebral.

SOLUCIÓN

Se trata de un niño que padece parálisis cerebral, por lo que tendrá limitada la motricidad.

En este caso, se utilizará un sistema de comunicación con ayuda, ya que una de sus características es que la persona que lo utilice debe tener limitaciones en la motricidad.

Al presentar dificultades en la motricidad, va a requerir de un soporte técnico que le ayude en la comunicación.

No sería conveniente utilizar un sistema sin ayuda, puesto que para estos sistemas la persona que los use no debe presentar dificultades en la motricidad.

3. Características del sujeto

A la hora de seleccionar el sistema más adecuado para cada persona, es necesario tener en cuenta las características del sujeto:

- Capacidades cognitivas:

  - Nivel de inteligencia
  - Atención
  - Contacto ocular
  - Imitación
  - Percepción visual
  - Orientación espacio-temporal
  - Lenguaje receptivo

- Habilidades motrices (psicomotricidad fina y gruesa).
- Debe haber algo que comunicar. Esta característica se logra a través de la interacción con el medio que le rodea.
- El niño debe ser consciente de que es capaz de generar comunicación.
- Debe poseer recursos del ambiente que le permitan transmitir sus intereses, necesidades e ideas.
- Debe existir fundamentalmente intención comunicativa. Sin esta característica, es imposible establecer comunicación.

En el caso de que el niño no posea estas características, habrá que comenzar en primer lugar por enseñar estrategias que desarrollen estas habilidades, puesto que sin estas habilidades no se podrá establecer ningún tipo de comunicación.

Otro de los aspectos fundamentales a tener en cuenta a la hora de seleccionar un sistema alternativo u otro es el contexto familiar.

La familia debe estar implicada en la aplicación del sistema propuesto para el niño y confiar en sus posibilidades para llevarlo a cabo en un contexto diferente al escolar o terapéutico.

Actividades

1. ¿Por qué considera importante el contexto familiar?
2. ¿Qué diferencias encuentra entre un Sistema Alternativo y un Sistema Aumentativo?

4. Tipos de SAAC

Existen muchos tipos de SAAC, por lo que los profesionales deben conocer cuáles son las características de cada niño con el que trabajan para elegir el que más se adapte a sus necesidades.

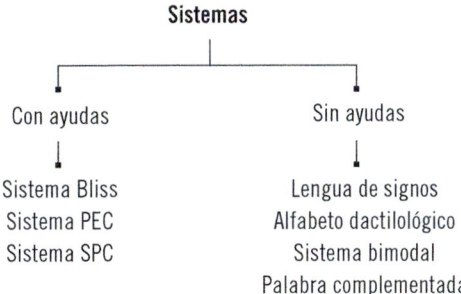

4.1. Sistemas con ayudas

A continuación, se van a describir los distintos sistemas con ayudas: sistema Bliss, sistema PEC y sistema SPC.

Sistema Bliss

El sistema Bliss fue creado por Charles K. Bliss entre 1942 y 1965. Inicialmente, este sistema se desarrolló para superar las dificultades de comunicación entre los pueblos que no hablaban el mismo idioma. Se trataba, por tanto, de un lenguaje universal.

Actualmente, este sistema es un conjunto de símbolos gráficos que poseen su propio significado. A partir de estos símbolos con significado, se puede llegar a otros significados cuando se combinan varios símbolos entre sí.

Combinación de dos símbolos Bliss que dan lugar a otro significado

$$\overline{\wedge\wedge} \;+\; \diagup \;=\; \overline{\wedge\wedge}\diagup$$

Animal   Nariz   Elefante

Para usar este método, es necesario que la persona con discapacidad reciba un entrenamiento previo. Una vez interiorizados los símbolos y el sistema en general, será capaz de utilizar este método a través de tableros convencionales, que requieren entre 150 y 400 símbolos.

Una de las ventajas de este sistema es que los símbolos guardan una cierta semejanza con la realidad que representan, por lo que su aprendizaje resulta mucho más sencillo para los niños.

Por otro lado, el aprendizaje de los símbolos más sencillos conduce al aprendizaje de aquellos más complejos, por lo que aquello que ya tiene el niño asimilado genera un nuevo aprendizaje.

Tipos de símbolos

Existe una gran variedad de símbolos en este sistema:

▪ **Pictográficos:** estos símbolos tienen cierta similitud con el objeto que representan.

Silla y casa

Ideográficos: hacen referencia a ideas.

Agua y mente

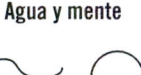

Abstractos: no tienen parecido con lo que quieren representar. Se pueden diferenciar dos tipos de símbolos abstractos:

I Propios del sistema creado por Charles Bliss.

Este

I Internacionales: aceptados de forma general para todos.

Símbolos internacionales

1, 2, 3, 4   +

Signos de puntuación. Poseen dos tipos de significados: el significado convencional (signos de exclamación, interrogación, etc.) y además el propio del sistema.

Categorías de los símbolos

Además, los símbolos del sistema Bliss se pueden clasificar en diferentes categorías de significado que se agrupan en diferentes colores.

Personas (amarillo)		Acciones (verde)	
Adulto	Abuelo	Escuchar	Visitar

Continúa en página siguiente >>

<< Viene de página anterior

Objetos (naranja)		Adjetivos (azul)	
⚭	⊗	ᷦ	Ī
Coche	Rueda	Sordo	Grande
Términos diversos (blanco)		**Relaciones (rosa)**	
◯	◯ ⟋⚹⟍	⌐1	÷
Día	Cumpleaños	Pregunta	Parte de

Composición de los símbolos

Según su composición, es posible encontrar gran pluralidad de símbolos:

1. **Sencillos:** existen más de 100 símbolos simples. Estos símbolos sencillos se utilizan para construir otros símbolos con distinto significado.

Luna

2. **Compuestos:** se consiguen uniendo dos o más símbolos sencillos. Hay varios tipos de símbolos compuestos:

ı **Superpuestos:** dos o más símbolos se colocan uno encima del otro.

Inodoro

ı Yuxtapuestos: los símbolos yuxtapuestos están formados por dos símbolos: un símbolo que define la categoría a la que pertenece **(clasificador)** y otro símbolo que se encarga de especificar más el símbolo **(modificador).**

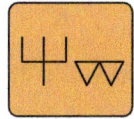

Cepillo de dientes

Símbolos especiales

Estos símbolos tienen su propio significado y en ocasiones se emplean junto a otros símbolos, normalmente delante, para dar otros significados al que ya posee el símbolo por sí solo:

1. **Significado contrario:** cuando este símbolo acompaña a otro, lo que hace es darle un significado contrario al significado convencional que este tenía.

Significado contrario

2. **Grupo de muchos:** este símbolo se utiliza cuando se quiere dar significado de conjunto o cantidad.

Grupo de muchos

3. **Sin:**

Sin Sonido Silencio

4. **Intensidad (!):** se sitúa detrás del símbolo al que acompaña y su función es intensificar el significado del símbolo principal.
5. **Localizador (^):** se utiliza para hacer referencia a una parte específica del símbolo al que acompaña.

Cadera y pie

6. **Letras:** cuando se utilizan letras junto a un símbolo, lo que se hace es especificar más el símbolo.

Fresa

7. **Posesivos:** cambian la función gramatical del símbolo.

Indicadores

Estos símbolos se utilizan para representar categorías de significado distintas. Existen varios indicadores:

- Indicador de objeto
- Indicador de plural

■ Indicador de combinación
■ Indicador de acción

Factores que intervienen en el significado de los símbolos

Los factores que intervienen en el significado de los símbolos son:

■ Tamaño
■ Posición en relación a la línea de tierra y del cielo
■ Orientación
■ Dirección
■ Tamaño del ángulo
■ Posición de los localizadores
■ Número que acompaña al símbolo
■ Espacio entre símbolos
■ Signos de puntuación
■ Indicadores

Tablero

Una vez que el niño ha aprendido todos los símbolos, se colocarán en un tablero de forma ordenada, de tal manera que se permita una buena estructura sintáctica y pueda transmitir el mensaje deseado. Será posible también ir ampliando el tablero en función de las necesidades e intereses del niño, es decir, debe tener flexibilidad.

Este tablero acompañará siempre al niño para que pueda comunicarse en todo momento, por lo que una característica que debe tener es que sea fácil de transportar.

Requisitos para el uso del sistema Bliss

Hay que tener en cuenta una serie de requisitos para que el empleo de este sistema sea efectivo:

■ Contacto ocular sobre la tarea.
■ Atención sobre el tablero.

■ Intención comunicativa.

■ Percepción visual y auditiva.

■ Alto nivel de abstracción.

■ Amplio vocabulario.

■ Lenguaje comprensivo.

Sistema Pictográfico de Comunicación (SPC)

El SPC es un sistema pictográfico que representa objetos y conceptos a través de dibujos sencillos. Para representar conceptos abstractos emplea el uso de símbolos iconográficos.

Este sistema se emplea con más frecuencia en casos de niños con menor capacidad de abstracción y de menor edad.

La sintaxis de este sistema va a depender de la propia de cada lengua. Una de las ventajas que presenta es que no tiene nexos, por lo que resulta mucho más sencillo construir las frases. Si fuera necesario, se pueden coger los nexos de otros sistemas de comunicación.

La diferencia entre el SPC y el Bliss está en que los símbolos del Bliss son más abstractos y en el SPC tienen más parecido con la realidad.

Clasificación de los pictogramas

Se pueden clasificar los pictogramas en función de los criterios de tamaño, categoría y tipo de usuario.

Tamaño

Existen diferentes tamaños para los símbolos adecuados a las plantillas.

Estos tamaños se pueden adaptar en función de la capacidad psicomotriz que posea el niño, es decir, si el niño presenta dificultades en la motricidad fina, se deben utilizar tarjetas de mayor tamaño para facilitar su manejo.

Categorías

Las tarjetas están clasificadas en seis categorías. Al igual que el sistema anterior, el SPC también tiene las categorías diferenciadas en colores para facilitar y dar rapidez a la localización del símbolo:

I Amarillo: sustantivos que hacen referencia a personas.
I Naranja: sustantivos genéricos.
I Verde: verbos.
I Azul: adjetivos.
I Rosa: términos sociales.
I Blanco: términos diversos. En este apartado se incluyen todos aquellos términos que no se pueden agrupar en otras categorías.

Tipos de símbolos

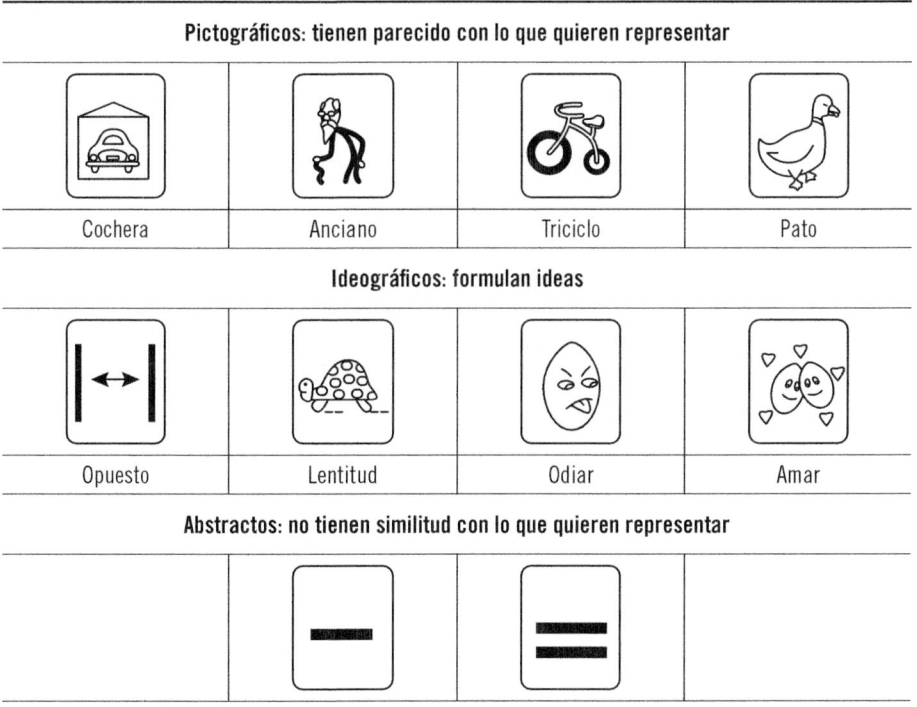

Pictográficos: tienen parecido con lo que quieren representar			
Cochera	Anciano	Triciclo	Pato

Ideográficos: formulan ideas			
Opuesto	Lentitud	Odiar	Amar

Abstractos: no tienen similitud con lo que quieren representar

Continúa en página siguiente >>

<< Viene de página anterior

	Es	Somos	

Internacionales: son símbolos aceptados de forma internacional

Información	Peligro	Alto	Semáforo

Personas

Amigo	Yo	Granjero	Conductor

Acciones

Limpiar	Llevar	Llorar	

Sustantivos

Cabello	Tierra	Fiesta	

Sentimientos		Ideas	

Continúa en página siguiente >>

<< Viene de página anterior

Aterrorizado	Feliz	Idea	Comunicación
Relaciones espaciales y temporales		**Simples: están formados por un solo elemento**	
Arriba	Abajo	Huevo	De acuerdo
Superpuestos: están formados por dos o más símbolos puestos uno encima del otro. Se obtienen otros significados		**Yuxtapuestos: están formados por dos símbolos puestos uno al lado del otro. Se obtienen otros significados**	
Ciego	No me gusta	Buen trabajo	Yo quiero
Combinados: se obtienen al combinar dos símbolos simples.			
Pijama	Cuerpo	Vestirse	

Tipos de usuarios

Este sistema se puede emplear para dos tipos de personas:

1. Para aquellas personas que lo empleen como sistema alternativo. En estos casos, el niño posee un nivel de comprensión aceptable pero presenta dificultades en la expresión del lenguaje debido, en muchas ocasiones, a un daño cerebral que provoca una afectación motora que impide el habla. Por ejemplo niños afectados de parálisis cerebral o traumatismos craneoencefálicos. A través de este sistema se les proporciona un medio de comunicación que podrán utilizar permanentemente.

2. Para aquellos que lo emplean como sistema aumentativo. En estos casos, se emplea este sistema para iniciar el desarrollo del habla. Su objetivo principal es iniciar la comprensión. En este caso, se trata de niños con trastorno del espectro autista, síndrome de Rett o trastornos graves del desarrollo.

Actividades

3. Elabore un sistema de comunicación SPC destinado a un niño con parálisis cerebral. Tenga en cuenta tanto las características del niño como las que ha de tener el sistema para ser apropiado.
4. Explique las técnicas de comunicación que daría a un alumno con necesidades educativas especiales para comunicar durante la hora de la comida.

Aplicación práctica

¿Cómo le explicaría a un alumno que presenta un trastorno generalizado del desarrollo con dificultades en la comprensión del lenguaje oral la secuencia que debe realizar en el cuarto de baño para lavarse las manos?

SOLUCIÓN

En primer lugar, se le enseña al niño la imagen del cuarto de baño más la acción de lavar las manos. Una vez que el niño ha entrado en el cuarto de baño, se le van indicando los pasos que debe seguir a través de las imágenes:

1. Echarse jabón.
2. Encender el grifo del agua.
3. Enjabonarse las manos.
4. Enjuagarse las manos.
5. Secarse las manos con la toalla.
6. Dejar las cosas en su lugar.

Continúa en página siguiente >>

<< Viene de página anterior

Es muy importante que el niño haya realizado una acción completamente para pasar a la siguiente.

1º Echarse jabón	2º Abrir el grifo	3º Enjabonarse
4º Guardar las toallas	5º Secar las manos	6º Enjuagarse

Sistema de comunicación por intercambio de imágenes (PECS)

El PECS es un sistema de intercambio de imágenes que se utiliza con niños afectados de trastorno del espectro autista o con déficits en la comunicación. Este sistema se utiliza para aquellos casos en los que los otros sistemas, como el de signos o señalar, no son efectivos.

Este sistema es muy útil en aquellos casos en los que el niño no imita, no establece contacto visual con su interlocutor, ni orientación visual y muestra un repertorio de conductas limitado. Además, está basado en los intereses y motivaciones del niño y por tanto será más fácil que acceda a trabajar si el ambiente le motiva.

El objetivo principal de este sistema es desarrollar en el sujeto la intención comunicativa.

Una de sus ventajas es que está formado por imágenes fáciles de entender y los materiales que se emplean no son caros, por lo que se pueden utilizar en otros contextos fuera del educativo o terapéutico.

El procedimiento de uso de este sistema es el siguiente: el niño entrega la imagen a un receptor oral que inmediatamente interpreta esa imagen como una petición y responde a sus demandas.

Es importante señalar que antes de emplear este sistema hay que realizar una evaluación inicial en la que se detecte cuáles son los objetos de preferencia del niño para poder trabajar a partir de ellos.

Otras claves a tener en cuenta son:

- Sistema de símbolos a empelar: primero hay que comenzar con dibujos lineales en blanco y negro y poco a poco evolucionar hasta llegar a imágenes personalizadas.
- Las imágenes deben estar siempre a disposición del niño.
- Usar *velcro.*
- Durante el entrenamiento, el niño no debe escuchar la palabra "NO", porque esto hará que la comunicación se rompa.
- Reforzar positivamente cuando el niño realice bien el acto comunicativo.

Este sistema se divide en cinco fases en función de la evolución del niño. Estas se describen a continuación.

Fase 1: intercambio físico

El objetivo de esta fase es que el niño, al ver una imagen altamente preferible para él, la tomará y la dejará en la mano del terapeuta. Al hacer esto, se establece un acto comunicativo para conseguir algo.

Los pasos a seguir son:

- El terapeuta ayudará al niño a dejar la imagen sobre su mano.
- Cuando la tarjeta toque la mano del terapeuta, este deberá responder al niño. "¿Quieres la pelota, el coche, etc.?" y será recompensado inmediatamente.
- No se usa comunicación verbal del tipo "¿Qué quieres?" o "Dame la tarjeta".
- El terapeuta dejará la mano abierta. Esta será la pista para el niño.

Fase 2: desarrollo de la espontaneidad

El objetivo de esta fase es que el niño vaya al tablero de comunicación, coja la imagen que desee y la deje sobre la mano del terapeuta.

Los pasos a seguir son:

- Aumentar la distancia entre el terapeuta y el niño.
- Aumentar la distancia entre el niño y el tablero de comunicación.
- Se suprime la pista de la mano abierta después de varios intentos acertados por el niño.
- Se le refuerza inmediatamente.

Fase 3: diferenciar fotografías

El objetivo de esta fase es que el niño vaya al tablero de comunicación y seleccione, de entre las imágenes, la que él desee.

Los pasos a seguir son:

- Introducir en el tablero de comunicación una imagen deseada y otra por la que no tiene mucho interés. Hay que reforzar verbalmente cuando escoja la deseada y no decir nada si elige la otra.
- Añadir fotografías.

Fase 4: formular oraciones

El objetivo es que el niño construya frases colocando inicialmente la imagen "Yo quiero" sobre la tira de oración. A continuación, coloca la imagen que desee y le lleva la tira de oración al interlocutor.

Los pasos a seguir son:

■ Colocar la imagen "Yo quiero" al principio de la tira de oración.
■ Situar en otro lugar la imagen "Yo quiero" para que el niño cuando quiera algo coloque primero esta imagen en su lugar.
■ Conseguir que el niño solicite objetos que no están a la vista.

Fase 5: responder a la pregunta "¿Qué quieres?"

El objetivo es que el niño responda a la pregunta "¿Qué quieres?"

Los pasos a seguir son:

■ El terapeuta señala la tarjeta "Yo quiero" y pregunta al mismo tiempo "¿Qué quieres?" y el niño debe tomar la imagen para responder a la pregunta.
■ Hay que dejar más tiempo entre la pregunta "¿Qué quieres?" y señalar la tarjeta "Yo quiero".

 Aplicación práctica

Pablo es un niño de cinco años y está diagnosticado de trastorno del espectro autista desde los dos años. Presenta las siguientes características:

I **Pérdida progresiva del lenguaje oral.**
I **No imita.**
I **Utiliza la mano del terapeuta para conseguir lo que quiere.**
I **No responde a las demandas del terapeuta.**

Continúa en página siguiente >>

<< Viene de página anterior

I **Le encantan los objetos que giran.**
I **Presenta estereotipias.**
I **No presenta contacto ocular ni presta atención a los demás.**

Se le va a desarrollar un PECS como sistema alternativo de comunicación. Planifique la primera y la segunda fase.

SOLUCIÓN

Lo primero que hay que hacer es conocer sus preferencias e intereses, para determinar las actividades preferidas y los mejores reforzadores para comenzar con la fase 1. Para ello, se recogerá información del ámbito social, personal, educativo y familiar.

Hay que tener en cuenta que los intereses en estos niños varían muy fácilmente.

I Fase 1: intercambio físicamente estimulado:

- I Objetivo: en cuanto vea un objeto altamente preferido, el alumno tomará la imagen del objeto, se acercará hacia el terapeuta y dejará la imagen (fotografía) en la mano del terapeuta.
- I Pasos a seguir:

  - El terapeuta y Pablo estarán sentados en la mesa, uno enfrente del otro, con las imágenes del objeto por el que muestra un especial interés, como por ejemplo objetos que giran, como puede ser un trompo.
  - Guiar físicamente al alumno a recoger la figura, extender la mano y entregar la figura al terapeuta.
  - La mano abierta del terapeuta es la pista para el niño.
  - El terapeuta debe contestarle verbalmente: "Muy bien, quieres el trompo". No se deben usar incitaciones directas en esta fase como por ejemplo: "¿Qué quieres?" o "Dame la tarjeta".
  - Reforzar siempre al niño.
  - Poco a poco, ir eliminando la ayuda de la mano abierta. Esperar a que el alumno extienda la mano con la figura hacia el terapeuta antes de abrir la mano para recibir la figura.

I Fase 2: desarrollando la espontaneidad

- I Objetivo: el alumno irá a su tablero de comunicación, tomará una fotografía, irá a un adulto y la dejará en su mano. En esta fase, todavía no hay comunicación verbal.

Continúa en página siguiente >>

<< Viene de página anterior

I Pasos a seguir:

    l Contar con un tablero de comunicación en el que depositar la imagen del objeto que prefiera el niño.

    l El niño tomará la imagen y se la dará al adulto. Este se alejará progresivamente del niño.

    l Dejar la mano cerrada para eliminar la pista al niño, que deberá insistir en dejar la imagen sobre su mano. En este paso, hay que tener cuidado de no dejar pasar mucho tiempo en coger la tarjeta por si el niño desiste en su intento comunicativo.

    l Se refuerza inmediatamente con el objeto deseado.

    l En el último paso, se alejará el tablero de comunicación para que el niño tenga que ir al tablero y posteriormente al terapeuta.

4.2. Sistemas sin ayudas

A continuación, se van a explicar los sistemas de comunicación sin ayuda que existen: palabra complementada, sistema dactilológico, lenguaje de signos y sistema bimodal.

Palabra complementada

La palabra complementada, creada en 1967 por Cornet, es un sistema de comunicación aumentativo que se emplea en niños que presentan dificultades auditivas y que utilizan como forma de comunicación el sistema oral.

En estos casos, los niños emplean la lectura labial, en la cual, en algunas situaciones, les resulta difícil identificar o reconocer, por la posición de los labios, de qué palabra se trata. Por ello, este sistema lo que hace es combinar la lectura labial con la posición de las manos junto a la cara, lo que hace que el niño sea capaz de diferenciar todas las palabras.

Por tanto, este sistema se compone de los siguientes elementos:

■ 8 configuraciones de la mano, que dan lugar a las consonantes.

- La posición de la mano junto a la cara. Existen tres posiciones que se encuentran relacionadas con las 5 vocales (junto a la mejilla, la barbilla y la garganta).
- Los movimientos de la mano. Son dos movimientos: uno suave y otro fuerte.

En este sistema, se complementan los sonidos que se pueden confundir con diferentes configuraciones de la mano. Por ejemplo: el fonema /ma/ y el fonema /pa/ se pueden confundir al leer los labios, pero si se acompañan de posiciones de la mano diferentes, se podrán diferenciar estos fonemas en la lectura labiofacial.

Palabra complementada

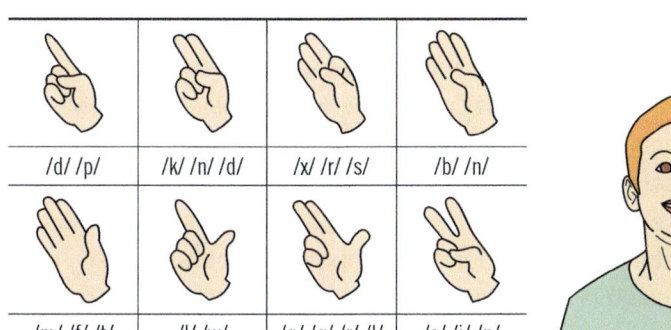

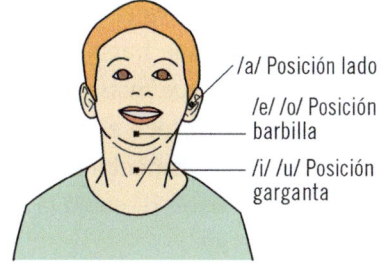

/a/ Posición lado

/e/ /o/ Posición barbilla

/i/ /u/ Posición garganta

Características de la palabra complementada

La palabra complementada posee las siguientes características:

- Hace posible identificar todos los sonidos de nuestra lengua.
- Es fundamentalmente oral.
- Complementa la lectura labial más los componentes manuales (8 configuraciones de la mano). Al mismo tiempo que se pronuncia un fonema, se representa con la mano para que no haya equivocación en la interpretación.
- Productividad.
- Efectividad. Es necesario emplear este sistema en todas las situaciones de la vida del niño para aumentar su eficacia.

Decálogo para la palabra complementada

Para que el empleo de la palabra complementada sea eficaz, hay que tener en cuenta los siguientes principios:

1. Hay que complementar todo lo que se le diga al niño.
2. Es importante complementar también lo que se hable con una tercera persona si el niño está delante.
3. Complementar desde el primer momento. No se debe esperar a que el sistema se conozca totalmente.
4. Cuando el niño reproduzca alguna palabra, hay que señalársela a través de la palabra complementada para que sepa lo que ha dicho.
5. En un primer momento, hay que hablar de objetos que están presentes.
6. Al principio será necesario ayudarse de gestos, pero, en cuanto el niño haya asociado el significado, deberán eliminarse los apoyos.
7. Hay que trabajar en varios contextos.
8. Hay que motivar al niño.
9. Hacer fácil el aprendizaje.
10. Complementar tanto la cantidad de palabras que habla el niño (¿cuánto habla?), como la forma utilizada para hablar (¿cómo habla?).

El alfabeto dactilológico

El alfabeto dactilológico se utiliza con aquellas personas que no poseen ni el sentido de la vista ni el del oído. Se trata por tanto de personas sordociegas.

En un primer momento, resulta difícil establecer la comunicación con una persona sordociega, pero hay que ser paciente, ya que cualquier sistema de comunicación que se utilice con ella no va a ser tan eficaz y rápido como el oral.

El alfabeto dactilológico consiste en configurar cada una de las letras del abecedario con la mano. Esta configuración es la misma que utiliza la comunidad sorda en su abecedario.

A continuación, sobre la palma de la mano del usuario se van a ir reproduciendo cada una de las letras de las palabras que quieren comunicar. Hay que señalar que la palma de la mano debe estar hacia arriba y realizar los signos en el centro de la misma. Es muy importante hacer una pausa entre palabra y palabra para evitar confusiones.

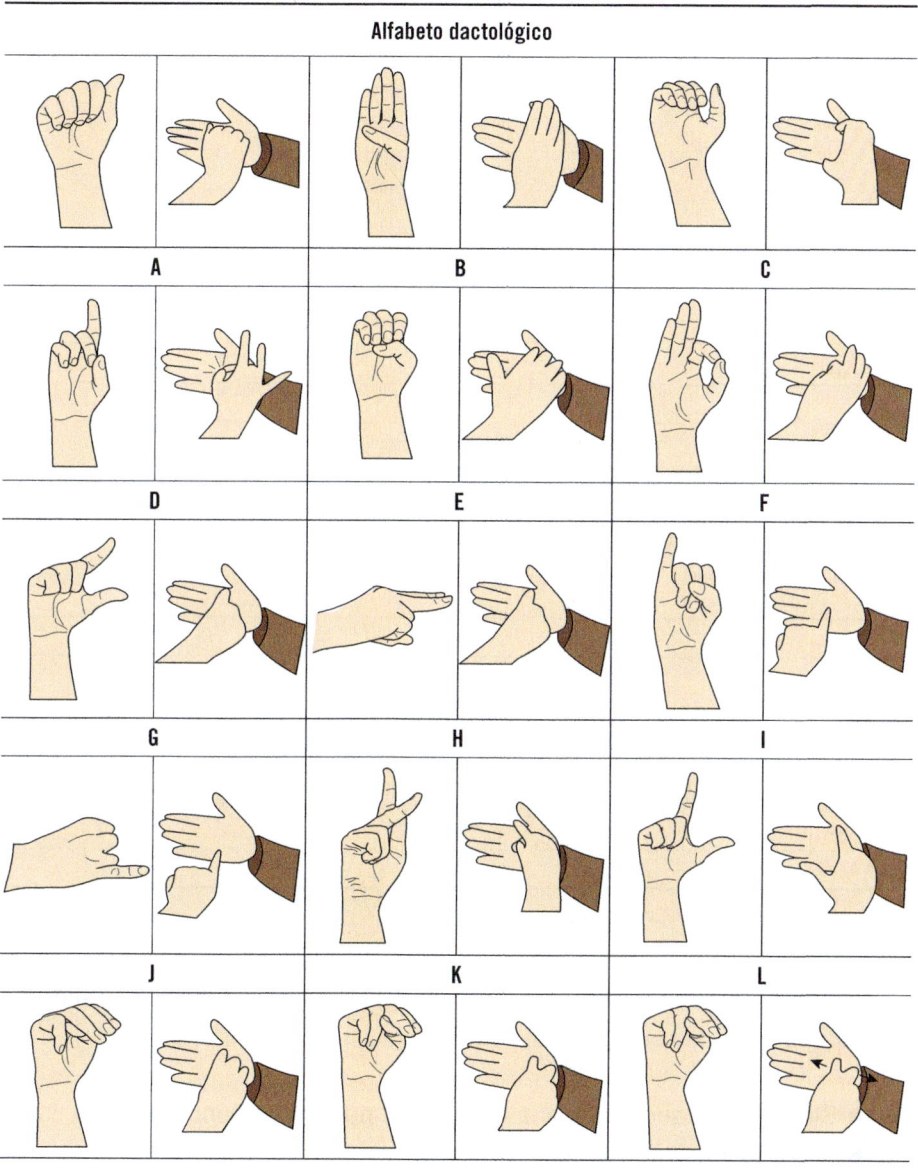

Alfabeto dactológico

Continúa en página siguiente >>

<< Viene de página anterior

Alfabeto dactológico

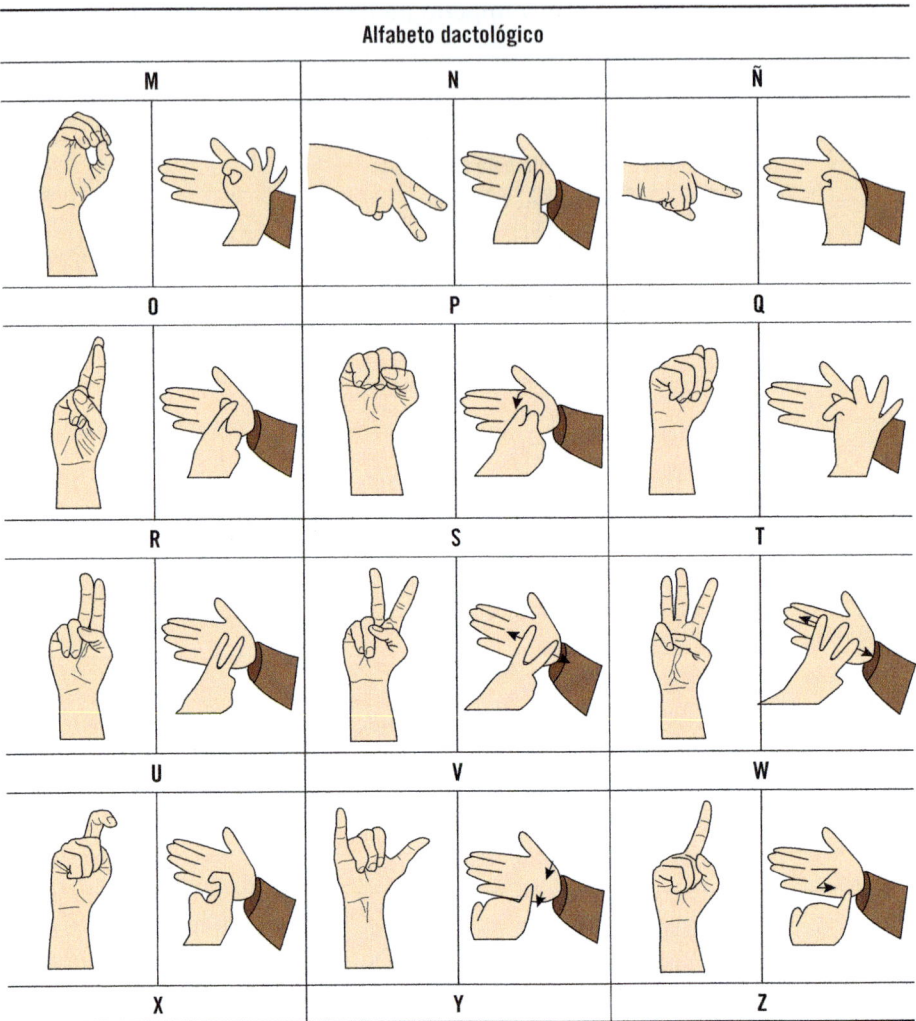

M	N	Ñ
O	P	Q
R	S	T
U	V	W
X	Y	Z

A la hora de comunicarse con una persona sordociega, hay que tener en cuenta una serie de consejos que pueden ayudar en la comunicación:

- Siempre hay que avisar a la persona de nuestra presencia.
- Identificarse.
- Elegir el sistema de comunicación más adecuado.
- Tener paciencia para comunicarse.

- Siempre avisar cuando se sale.
- Describirle lo que está pasando.
- Indicarle cuándo debe comenzar a hablar.

 Sabía que...

El sistema dactilológico o dactilología fue el primer sistema SAAC para el desarrollo de la comunicación. En España se encuentra su origen en torno al año 1593, cuando Melchor de Yebra, un monje franciscano, publicó una lámina sobre este alfabeto. Yebra afirmó que la fuente original de su alfabeto fue San Buenaventura (monje franciscano italiano del Siglo XIII).

 Aplicación práctica

Indique el procedimiento para iniciar la comunicación con una persona sordociega.

SOLUCIÓN

Cuando se esté ante la presencia de una persona sordociega, lo primero que hay que hacer es avisarla. Por ejemplo, se le tocará suavemente el hombro para que no se asuste.

En segundo lugar, se tomará su mano y se le indicará nuestro nombre a través del alfabeto dactilológico para que la persona sepa con quien está hablando.

Posteriormente, se seleccionará el sistema de comunicación más adecuado a esa persona, porque pueden ocurrir dos cosas:

- Que conserve algo de vista. En este caso, no habrá que salir de su campo de visión y se utilizará el lenguaje de signos.
- Que conserve algo de audición. Habrá que dirigirse a ella de forma clara y directa, evitando lugares ruidosos que dificulten la comunicación.

Lengua de signos

Desde la Ley 27/2007 de 23 de octubre, se reconoce a la lengua de signos como lengua oficial y se regulan también todos los apoyos a la comunicación para las personas sordas.

Gracias a esta ley, el Estado garantiza el acceso de la persona sorda a la sanidad, los tribunales, las administraciones, la educación y el ocio, por lo que debe haber un intérprete en lengua de signos en todos estos lugares.

Además, los padres del niño sordo tienen el derecho de elegir la lengua en la que educarán a sus hijos. La lengua de signos es un medio para la atención a la diversidad y la inclusión social.

La lengua de signos es la lengua que utilizan las personas sordas para comunicarse con otras personas sordas o con cualquier persona que conozca esta lengua.

Aunque la lengua de signos no sea un SAAC en sí hacemos referencia a este, ya que en muchas ocasiones se utiliza para trabajar la comunicación con algunos niños y niñas que presentan capacidades diferentes de tipo cognitivo que dificulta su comunicación.

La lengua de signos no es únicamente de un conjunto de signos o gestos manuales, sino que existe un alto número de gestos arbitrarios, es decir, que previamente hay que conocer para entenderlos.

Los elementos básicos que posee la lengua de signos se denominan parámetros formacionales y hay que tenerlos siempre presentes, porque determinaran las diferencias entre un signo y otro:

- Configuración de los signos (ver tabla de página siguiente):

Configuración de las manos

	Pulgar en reposo	Pulgar extendido	Pulgar flexionado	Nudillos en forma de ángulo			Nudillos en forma redondeada			Nudillos en forma de grapa		
				Pulgar en reposo	Pulgar extendido	Pulgar flexionado	Pulgar en reposo	Pulgar extendido	Pulgar flexionado	Pulgar en reposo	Pulgar extendido	Pulgar flexionado
Mano cerrada												
Mano extendida												
Mano estirada												
Índice extendido												

- Lugar dónde se realiza el signo.
- Movimiento de la mano. Existen diferentes movimientos que la mano efectúa:

Movimientos que efectúa la mano							
Recto	→	Quebrado	∿∿	Extensión de dedos	⌒⌒		
Arco	⌒→	Sacudidas	– – →→	Circular	ꝏ		
Vaivén	←→	Alterno	↗ ↖	Repetición	→→→		
Simetría	↑	Choque	→←	Flexión dedos	↪		
Espiral	⌇	Ondulado	↗	Pinza	↻		
Deslizamiento		Giratorio					

- Dirección del movimiento.
- Expresión facial: el mismo signo puede significar dos cosas diferentes en función de la expresión facial que se introduzca.

Expresión facial

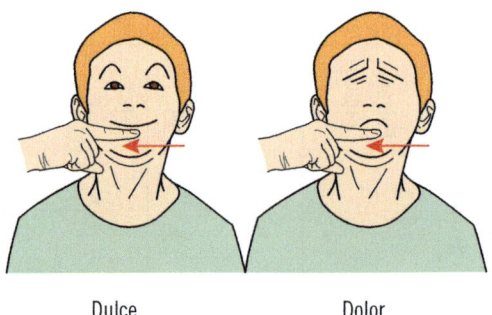

Dulce   Dolor

Clasificación de los signos

Se pueden clasificar los símbolos en tres tipos:

- **Signos motivados:** poseen relación con el referente. Se pueden diferenciar dos tipos:

 Icónicos quinésicos: pueden representar la forma, el movimiento o la relación espacial.
 Deícticos: sirven para señalar:

  ı **Personas:** con el dedo índice de la mano derecha se señala al interlocutor al que se hace referencia.
  ı **Temporal:** se expresa el pasado llevando la mano por detrás del hombro y el futuro llevando la mano a la frente. Si no se hace ninguna señal, se entiende que la acción está ocurriendo en presente.
  ı **De espacio:** delimitan un espacio.
  ı **Deícticos icónicos:** se refieren a partes del cuerpo.

 Signos intermedios: son de origen dactilológico, es decir, que provienen del alfabeto de las personas sordas.
 Signos arbitrarios: no presentan relación con lo que representan.

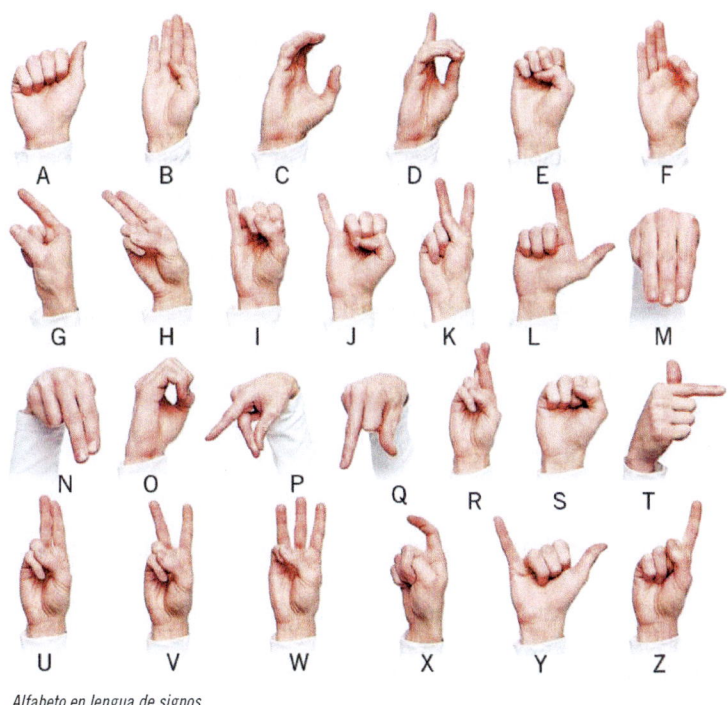

Alfabeto en lengua de signos

A continuación, se va a hacer referencia a algunos de los aspectos más importantes de la lengua de signos:

- Las personas utilizan, además de su nombre de pila, una seña que las diferencia de las demás. Esta seña suele ser una característica propia y llamativa de la persona sorda.
- Cómo se realizan preguntas en lengua de signos. Es posible diferenciar dos tipos de preguntas en función de las respuestas:

  - Si las respuestas son abiertas: puede haber varias respuestas. Sustantivo – pronombre – verbo – partícula interrogativa. Por ejemplo: ¿Cuándo vienes a clase?: ¿clase tú venir cuándo?
  - Si las respuestas son cerradas: las respuestas son Sí o No. Pronombre – verbo – partícula interrogativa. Por ejemplo: ¿Quieres comer?: ¿tú comer quieres?

- Verbos:

  - Los verbos ser y estar se omiten en la lengua de signos. Por ejemplo: Yo soy rubio: yo rubio.

- Descripción del espacio: cuando se describe el espacio en la lengua de signos, es muy preciso y requiere de una serie de puntos de referencia para orientarse. Si se quieren establecer estos puntos de referencia, se utiliza la mano no dominante. Hay que tener en cuenta que el espacio se describe desde el punto de vista de la persona que signa.

 ## Actividades

5. ¿Qué ventajas piensa que puede tener la palabra complementada en la comunicación del niño sordo?
6. Elabore un fichero introduciendo distinto vocabulario en lenguaje de signos (ropa, colores, alimentación, etc.).
7. Practique su nombre y el de sus compañeros a través del lenguaje de signos.

Continúa en página siguiente >>

<< Viene de página anterior

8. Analice en su vida diaria las barreras de comunicación con las que se pueda encontrar una persona sorda y sordociega.

9. ¿Qué otros sistemas de comunicación se pueden utilizar con personas sordociegas?

Sistema bimodal

Este sistema consiste en utilizar dos sistemas de comunicación, pero el sistema que va a determinar la sintaxis de la frase es la lengua oral.

La comunicación bimodal consiste en que el adulto utilice la lengua oral y la complemente con una serie de signos que ayudan a visualizar las palabras que se están diciendo. Estos signos suelen ser tomados de la lengua de signos española, pero en algunos casos se suelen adaptar, teniendo en cuenta las dificultades que puedan presentar los niños.

Una de las ventajas que tiene este sistema de comunicación es que resulta mucho más natural a la hora de comunicar de manera espontánea y, al contrario que los sistemas de comunicación gráficos, no requiere de ningún tipo de soporte material para comunicar, lo cual impide la naturalidad de la interacción comunicativa.

5. Otros sistemas de comunicación

Además de todos los sistemas de comunicación que se han señalado anteriormente, se pueden definir algunos sistemas de comunicación más:

- **Sistema de escritura con letras mayúsculas:** este sistema se emplea con personas sordociegas y consiste en escribir sobre la palma de la mano y con letras mayúsculas todas las letras de las palabras que quieren comunicar.

Sistema de escritura con letras mayúculas

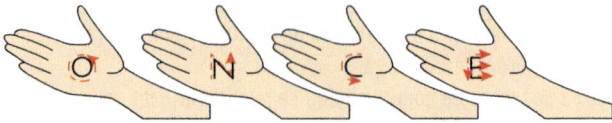

- **Tablillas de comunicación:** se trata de una tabla de plástico que tiene impresas en relieve las letras del abecedario en mayúsculas y debajo se escribe en sistema Braille también. Este sistema se emplea para personas sordociegas de la siguiente manera: se sostiene la tablilla con una mano y con la otra se coge el dedo índice de la persona con la que se está hablando y se le lleva por todas las letras de las palabras que se quieren comunicar.

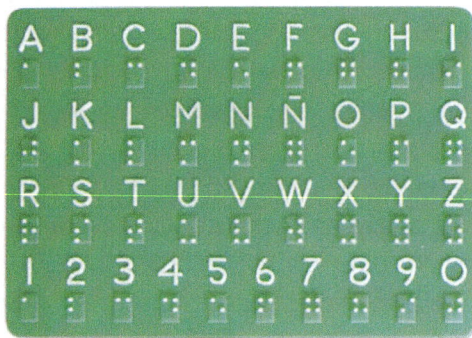

Tablillas de comunicación

- **Sistema Braille:** este sistema se emplea para personas ciegas para que puedan leer a través del tacto. Se trata de seis puntos organizados en dos columnas de tres puntos cada una. Cada una de las letras del abecedario tiene una combinación diferente de los puntos.

Sistema de escritura con letras mayúculas

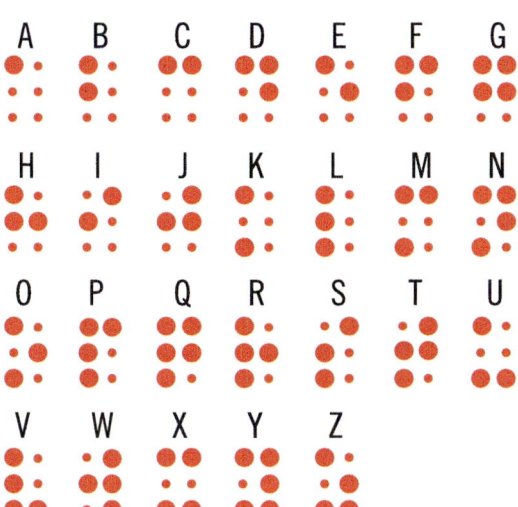

6. Productos de apoyo a la comunicación

Los productos de apoyo para la comunicación se dividen en básicos y tecnológicos. A continuación se detallará en qué consisten cada uno de ellos.

6.1. Básicos

Dentro de los productos básicos para la comunicación tenemos los tableros de comunicación. Se tratan de superficies de material variado en los que se sitúan los símbolos gráficos para la comunicación (fotografías, pictogramas, letras,...) que la persona indicará para comunicarse.

Cuando se utilizan varias páginas se llama **libro de comunicación.**

Por ejemplo:

Continúa en página siguiente >>

<< Viene de página anterior

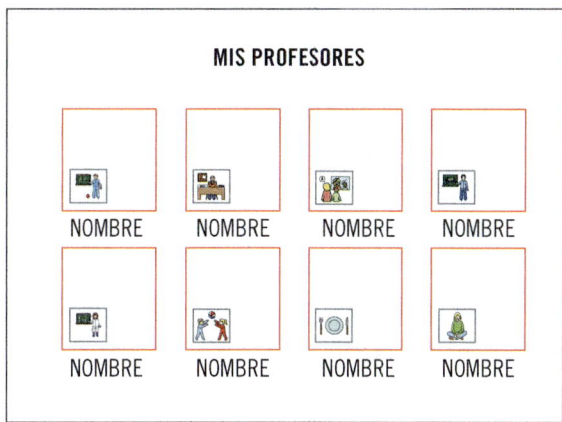

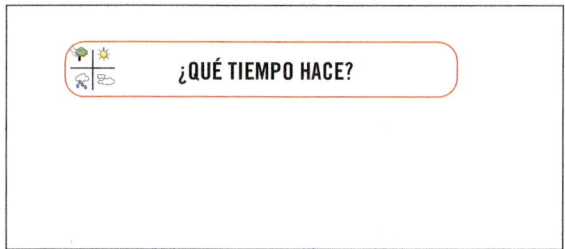

6.2. Tecnológicos

Dentro de los productos tecnológicos encontramos comunicadores electrónicos y ordenadores portátiles o *tablets.* Estos últimos tienen instalados programas que los convierten en comunicadores.

Dentro de este apartado podemos incluir las ayudas técnicas que se pueden utilizar para que la persona pueda comunicarse mejor, como por ejemplo:

- **Pulsadores y conmutadores:** sirven para accionar aparatos electrónicos. Existen varios tipos, que podemos elegir en función de las características de la persona. Estos pulsadores los podemos encontrar en el Catálogo de productos de apoyo del Centro de Referencia Estatal de Autonomía Personal y Ayudas Técnicas (CEAPTAT).

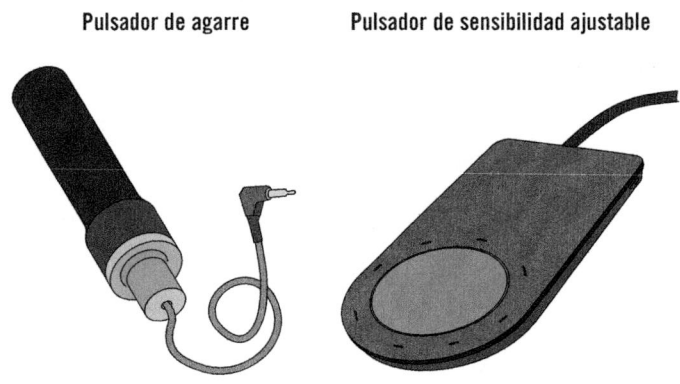

Pulsador de agarre   Pulsador de sensibilidad ajustable

- **Ratones adaptados:** permiten acceder al ordenador o cualquier comunicador. Están adaptados a las características y necesidades de la persona. Pueden ser mediante señalización de la cabeza, a través de sensores ópticos, para el manejo de la boca, etc.

Cuando una persona se comunica a través de comunicadores, libros o tableros de comunicación lo puede hacer de cinco maneras diferentes:

- Seleccionando directamente con el dedo, la mirada u otras partes del cuerpo aquellos pictogramas o símbolos que quiera comunicar.

- A través de ratones adaptados.
- En tableros o libros de comunicación, la persona va señalando en distintas filas los símbolos para comunicarse. Las filas suelen estar agrupadas por categorías (verbos, alimentos, bebidas, ropa, personas,...).
- En productos electrónicos, el comunicador va mostrando las alternativas y la persona es la que selecciona la que le interesa para comunicarse.
- Cada símbolo tiene un código y la persona selecciona el código para transmitir los símbolos o las letras.

7. Resumen

Como se ha podido comprobar, la comunicación es fundamental para el desarrollo de la persona. Por ello, es muy importante encontrar una forma de comunicarse cuando existe alguna deficiencia que impide el desarrollo espontáneo de la comunicación.

Estos sistemas tratan de encontrar solución a las posibles dificultades que pueda sufrir el alumnado con necesidades educativas especiales.

Encontrar un método apropiado para que estos niños puedan expresar sus emociones, sentimientos y necesidades es fundamental, por lo que hay que analizar bien las características de los niños para poder elegir el sistema más adecuado con el que poder expresarse.

Es por este motivo que existen diferentes sistemas de comunicación que se adaptan a las necesidades de cada alumno.

Hay sistemas de comunicación con ayuda y sistemas de comunicación sin ayuda. Los primeros son aquellos que requieren de ayudas técnicas, como imágenes y pictogramas, y los sistemas sin ayuda no requieren ningún tipo de ayuda técnica para establecer la comunicación.

Ejercicios de repaso y autoevaluación

1. **¿Qué características cognitivas debe poseer el niño para poder establecer un sistema de comunicación?**

    a. Atención, nivel de inteligencia, contacto ocular.
    b. Psicomotricidad fina y gruesa, intención comunicativa.
    c. Imitación, percepción visual.
    d. Orientación espacio-temporal, lenguaje receptivo.

2. **De las siguientes afirmaciones, diga cuál es verdadera o falsa.**

    a. Los sistemas alternativos de comunicación son aquellos que complementan el lenguaje oral.

        ☐ Verdadero
        ☐ Falso

    b. Para el uso del sistema Bliss, no es necesario un entrenamiento previo.

        ☐ Verdadero
        ☐ Falso

    c. La palabra complementada es un sistema de comunicación sin ayuda.

        ☐ Verdadero
        ☐ Falso

    d. El PECS no requiere de la capacidad de imitación por parte del niño para su utilización.

        ☐ Verdadero
        ☐ Falso

    e. El Bliss requiere de contacto ocular sobre la tarea.

        ☐ Verdadero
        ☐ Falso

3. Escriba las características que tienen la comunicación con ayuda y la comunicación sin ayuda.

_____

_____

_____

_____

_____

_____

_____

4. ¿Qué sistema es el más apropiado para el siguiente caso? Justifique la respuesta:

  ▌ Es un niño de 6 años con parálisis cerebral que le afecta a la movilidad.
  ▌ Tiene dificultades para la expresión oral.
  ▌ Presenta un nivel de comprensión aceptable.

_____

_____

_____

_____

_____

_____

_____

5. Busque en la sopa de letras el nombre de todos los sistemas de comunicación estudiados en el capítulo.

A	K	U	Y	T	G	V	P	O	O	I	U	Y	G	B	V	S	N
L	K	L	L	U	H	U	A	B	B	H	B	V	F	R	F	I	O
G	T	F	V	R	T	U	L	N	J	K	I	I	T	E	A	S	B
G	J	B	A	U	Y	H	A	J	Y	U	P	A	L	A	Y	T	T
R	G	C	O	M	P	L	B	Y	R	T	S	S	C	B	P	E	P
B	I	O	L	O	U	Y	R	T	R	E	D	W	Q	L	G	M	I
E	N	G	V	V	G	Y	A	Y	J	N	V	J	U	I	J	A	J
T	Y	U	I	O	S	P	C	O	I	U	Y	T	R	S	A	B	O
R	H	O	V	I	K	I	O	J	J	H	H	Y	Y	S	Y	I	Y
Y	G	B	I	O	O	V	M	V	G	Y	U	J	K	L	O	M	P
W	E	R	T	Y	U	U	P	E	C	S	I	O	P	P	P	O	K
X	C	V	B	N	M	M	L	M	K	J	H	G	F	D	S	D	Y
L	E	N	G	U	A	D	E	S	I	G	N	O	S	U	U	A	O
W	E	R	T	Y	U	I	M	O	P	L	K	J	J	H	M	L	K
S	D	F	G	H	J	K	E	L	Ñ	L	M	N	B	V	C	C	P
M	K	I	U	J	N	B	N	B	H	Y	G	T	F	R	E	D	E
A	W	S	X	D	A	C	T	I	L	O	L	O	G	I	C	O	F
S	D	F	F	F	G	G	A	J	U	I	I	O	L	J	U	Y	H
W	S	X	C	V	B	N	D	N	J	I	K	I	O	L	P	Ñ	O
W	S	A	Z	X	C	F	A	B	G	H	J	U	I	K	I	O	P

6. ¿Qué diferencia fundamental hay entre el sistema Bliss y el SPC?

_____

_____

_____

_____

7. Relacione los siguientes símbolos con su categoría de significado.

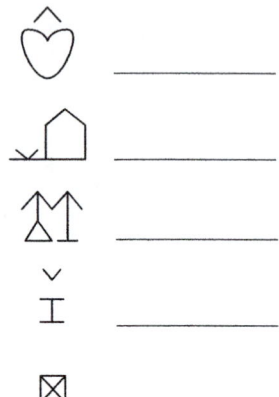

Adjetivos-personas-acciones-términos diversos-objetos

8. Complete el siguiente dibujo con las consonantes y vocales.

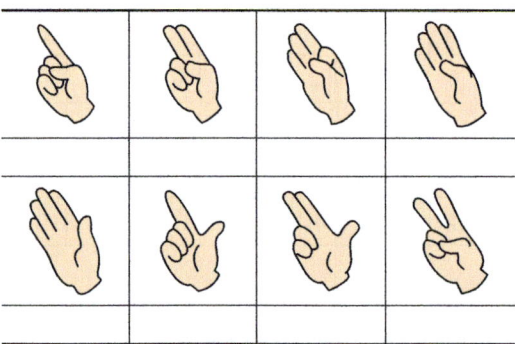
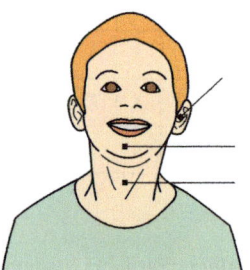

9. **Ponga en orden las fases que hay que seguir en el aprendizaje del PECS.**

 ___ Diferenciar fotografías.
 ___ Desarrollo de la espontaneidad.
 ___ Responder a la pregunta "¿Qué quieres?"
 ___ Intercambio físico.
 ___ Formular oraciones.

10. **Ordene las siguientes palabras.**

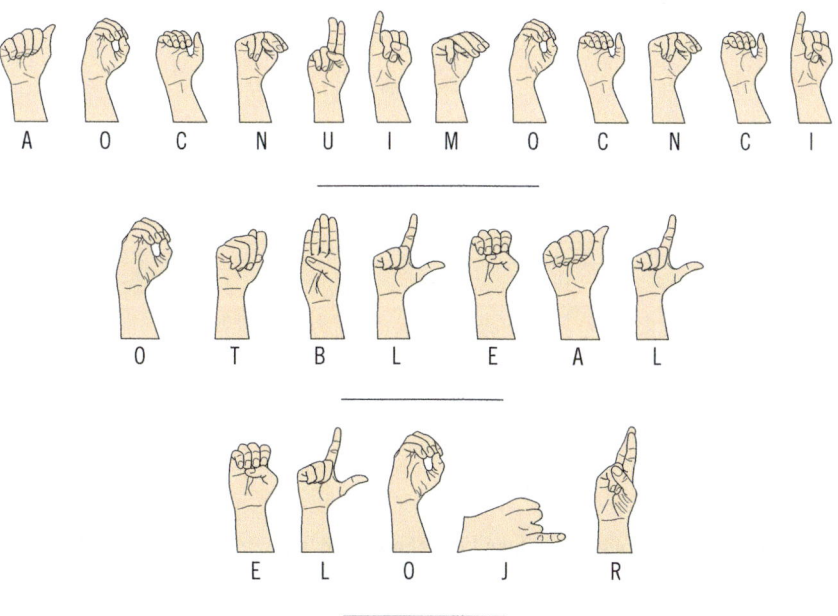

A   O   C   N   U   I   M   O   C   N   C   I

_____

O   T   B   L   E   A   L

_____

E   L   O   J   R

_____

11. **¿A qué tipo de sistema se refiere esta definición? Sistema de comunicación aumentativo que se emplea en niños que presentan dificultades auditivas y que utilizan como forma de comunicación el sistema oral.**

 _____

 _____

12. ¿Cuáles son los parámetros formacionales de la lengua de signos?

_____

_____

_____

_____

_____

_____

_____

13. Complete el siguiente esquema.

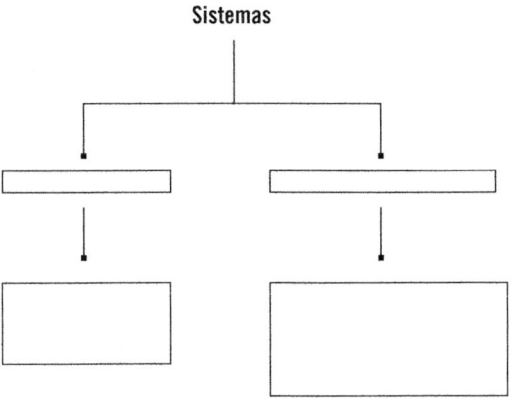

14. ¿Cuáles de los siguientes requisitos debe poseer un niño para utilizar el sistema Bliss?

▌ Contacto ocular.

▌ No hace falta que exista intención comunicativa.

▌ Lenguaje comprensivo.

▌ Vocabulario limitado.

▌ Percepción auditiva y visual.

▌ Bajo nivel de abstracción.

15. **Relacione cada uno de los signos que se utilizan en la lengua de signos con su significado.**

      a. Signos motivados.
      b. Signos intermedios.
      c. Signos arbitrarios.

      __ No presentan relación con lo que representan.
      __ Presentan relación con el referente al que hacen referencia.
      __ Son de origen dactilológico.

Capítulo 2

Técnicas de comunicación del ACNEE

Contenido

1. Introducción

Cuando un alumno con necesidades educativas especiales llega a un entorno nuevo que presenta una determinada organización, como es un centro escolar, debe estar estructurado de tal manera que elimine toda la ansiedad que pueda producirle el hecho de no poder controlar el ambiente.

Para ello, se van a trabajar diferentes formas de preparar al niño para el día a día en el centro escolar. Además, estas técnicas no deben emplearse solo en el centro escolar, sino también en todos los contextos en los que desarrolla su vida.

En primer lugar, se trabajará la anticipación, de tal manera que el niño pueda prever en cada momento lo que va a suceder a continuación y se prepare para esa actividad utilizando y seleccionando los materiales necesarios para su realización.

Todas estas técnicas van a fomentar la autonomía del niño, favoreciendo a su vez la motivación, lo cual va a incidir de forma positiva en su aprendizaje.

2. Métodos de anticipación

Los niños con necesidades educativas especiales presentan dificultades a la hora de procesar la información nueva. Por eso, cuando se les presenta una actividad o situación que es nueva para ellos, se les crea una situación de ansiedad y estrés que el terapeuta debe evitar con la finalidad de que no se creen en el niño sentimientos de frustración.

Por ello, se trabaja la anticipación, para que los cambios y los sucesos nuevos no le alteren. La anticipación consiste en mostrarle la imagen de lo que va a suceder y explicárselo verbalmente.

Se puede utilizar la anticipación para trabajar diferentes situaciones en la vida del niño:

- Para anticipar un cambio de actividad: la más utilizada en el día a día del niño.
- Para anticipar algo nuevo que va a ocurrir en la vida del niño, como un nuevo lugar que va a visitar o una nueva actividad que va a realizar.

A continuación, se describe cómo se puede trabajar la anticipación.

2.1. Rutinas

El niño con necesidades educativas especiales requiere de un ambiente totalmente estructurado y organizado para que sepa con total seguridad lo que va a suceder. De esta manera, se crea un entorno seguro que le permita relacionarse y aprender con tranquilidad. Esto se consigue a través de las rutinas.

Además, crear unas rutinas permite al niño ir adquiriendo autonomía, al conocer lo que va a pasar y saber cuál es su función en esa situación.

Las rutinas deben trabajarse también desde el contexto familiar. Si cada día se realizan de la misma manera las siguientes situaciones: levantarse, desayunar, vestirse, ir al colegio, volver a casa, comer, jugar, ducharse, cenar y acostarse, esta secuencia se irá almacenando en la mente del niño y será un punto favorable para poder trabajar a partir de ella.

La forma de trabajar las rutinas es a través de imágenes. Sobre una tira, se irán colocando las actividades que se van a realizar, una detrás de otra, en orden correcto. Se pueden introducir también modificaciones, como por ejemplo ir a casa del abuelo o hacer la compra, de tal manera que se colocarán en la plantilla para que el niño pueda anticiparlas en el momento en que las vea.

Se utilizará alguna forma de indicador para que el niño sepa la actividad que está realizando y se pondrá una X cuando la actividad haya terminado. Entonces se podrá pasar a la siguiente actividad.

Las rutinas son un punto fuerte para el aprendizaje y la comunicación. A estos niños, les gustan las rutinas rígidas, ya que presentan dificultades en la flexibilidad cognitiva y se enfadan si las rutinas se interrumpen. Esto es un punto a favor, porque, si se les propone una rutina que les gusta y se interrumpe, tendrán que volverse al adulto para comunicarle que vuelvan a la rutina anterior.

Esto se puede realizar de la siguiente manera: mostrar que ahora toca jugar a un juego determinado, pero sin darle ese juego, sino esperando a que él lo solicite.

Tablero de rutinas

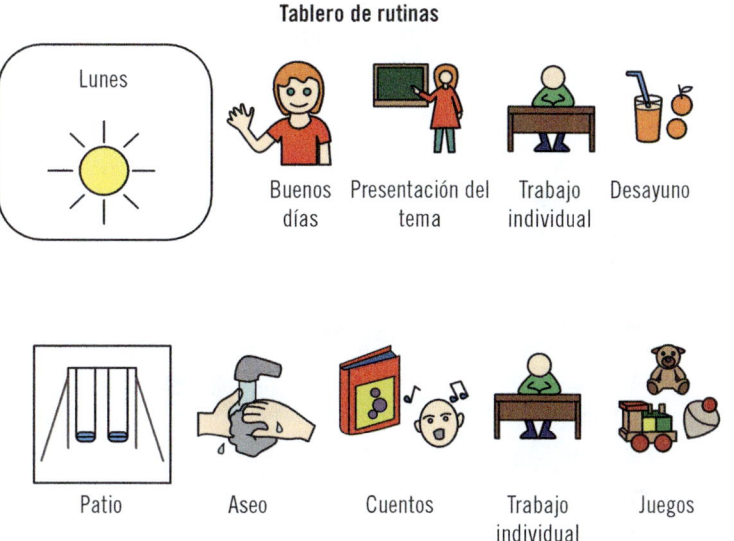

2.2. Organización espacial

Para que el niño se sienta seguro y autónomo dentro del espacio en el que realiza su actividad, debe estar organizado y mostrarle visualmente para qué sirve cada objeto y cada lugar en el que está. Cada uno de los objetos dispersos por el espacio tiene que tener una finalidad claramente diferenciada. Por ejemplo, si un vaso sirve para beber, no se utilizará como lapicero.

Se organizarán todos los espacios que formen parte de la vida diaria del niño y estarán adaptados a sus características y necesidades.

Organización del aula

Cada lugar del aula va a estar delimitado y se pondrán claves visuales de la actividad que se va a realizar en él.

El aula va a estar dividida en diferentes rincones:

- **Rincón de los buenos días:** en este lugar, se realizará la asamblea de primera hora de la mañana y se mostrará el panel de comunicación en el que se colocan las actividades que se van a realizar, ordenadas temporalmente. También se explicará el día de la semana en el que se está.

Rincón de buenos días

- **Rincón de trabajo individual:** en este rincón, se disponen las mesas de forma individual. Cada mesa tendrá la fotografía y el nombre de cada uno de los alumnos para que estos sepan cuál es su mesa.

Rincón de trabajo individual

■ **Rincón del material:** se trata de unas estanterías en las que está organizado y ordenado el material que necesitan para cada actividad. Cada
material está señalado con la imagen de la actividad para la que está
destinado, de manera que el niño sabe cuál es el que tiene que coger
en cada momento.

Rincón de materiales

- **Rincón del almuerzo:** en este rincón, colocarán los niños su merienda. También estará dotado de los útiles necesarios para la comida (tenedores, platos, vasos, etc.).

Rincón del almuerzo

- **Rincón de juegos:** se sitúan en este lugar todos los juguetes que pueden usar. Se realizará juego dirigido o bien juego libre.

Rincón de juegos

■ **Rincón del aseo:** este lugar es el cuarto de baño. Se colocarán las imágenes de las actividades que se realizan en él, todas ellas relacionadas con la higiene personal. Dentro del cuarto de baño, se especificarán secuencialmente las actividades, como por ejemplo lavarse las manos, lavarse los dientes, hacer pipí, etc.

Rincón del cuarto de baño

■ **Rincón de lectura:** en este rincón se fomenta la lectura. Se puede realizar de varias maneras diferentes: grupal, en la que la maestra lee para todos los alumnos un cuento, o individual, a través de lectura de imágenes en los casos de los que no sepan leer.

Rincón de lectura

■ **Rincón de informática:** en este lugar se encuentra el ordenador. Los niños utilizarán el ordenador cuando toque según la agenda diaria.

Rincón de informática

Organización del espacio del centro escolar

Todos los espacios del centro deben estar señalizados con su pictograma correspondiente, de tal manera que el niño pueda identificarlos e integrarse dentro del centro de manera autónoma. Esto facilitará el desplazamiento dentro del centro. Por ejemplo:

■ **Aula de audición y lenguaje:** identificar esta clase para que el niño la reconozca favorece su autonomía para que él vaya allí de manera autónoma.
■ **Aula ordinaria:** para aquellos niños que tienen una escolarización compartida entre el aula ordinaria y el aula de educación especial.
■ **Patio.**

Organización del entorno familiar

Al igual que en el entorno escolar, el entorno familiar debe estar estructurado y organizado también. De este modo, el niño con necesidades educativas especiales conoce todas las dependencias de la casa y sabe manejarse por ella sin problemas.

¿Cómo se va a organizar? Es muy sencillo. Los padres y madres van a colocar en los pomos de las habitaciones imágenes y pictogramas que expliquen para qué sirve esa habitación y a quién pertenece.

De igual manera, los cajones y armarios también van a poseer claves visuales que expliquen qué es lo que contiene cada uno (ropa, juguetes, material escolar, etc.).

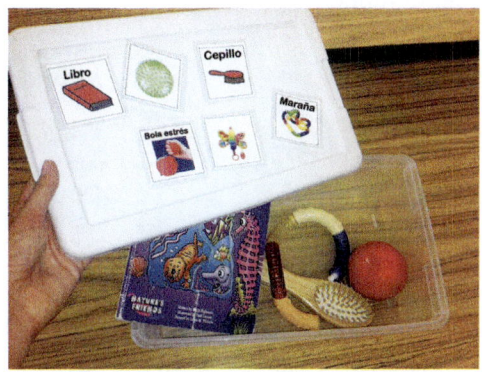

Identificar objetos cotidianos

Claves visuales

Las imágenes, pictogramas y fotografías ayudan al niño en su aprendizaje, en la comprensión y en el desarrollo de la comunicación.

Para ello, se emplean los sistemas de comunicación alternativos o aumentativos que ya se han estudiado.

Las claves visuales deben estar presentes en todos los ámbitos y todas las situaciones de la vida diaria del niño.

Los materiales que se emplean son fáciles de conseguir y económicos. Solo se necesitaría: cartulinas, rotuladores, plastificador y velcro.

Cuando se trabaje con pictogramas, primero hay que realizar un trabajo de comprensión de la imagen para que el niño comprenda cuál es el objeto o la idea a la que hace referencia.

Al trabajar con claves visuales, se va a perseguir una serie de objetivos:

- Comprender lo que significan los pictogramas.
- Establecer secuencias ayudándose de claves visuales.
- Comprender el mundo que les rodea.
- Entretenerse.

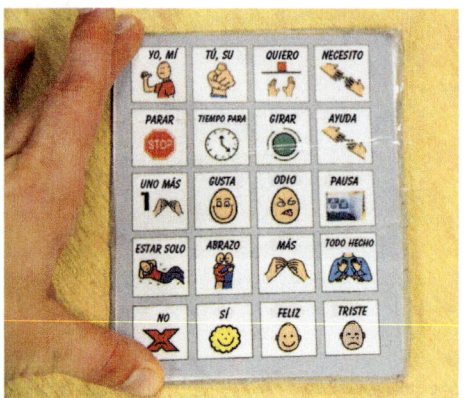

Claves visuales

Secuencias temporales

Las secuencias temporales se pueden emplear de dos maneras diferentes:

- Una de ellas consiste en un serie de dibujos a través de los cuales los alumnos van a tener presente una situación y el terapeuta les ofrece dos opciones, de las que deben elegir una. Cuando el alumno toma su decisión, comprobará la consecuencia de haber elegido esa opción. Por ejemplo, al alumno se le muestra la imagen de un día de lluvia y se le dan dos opciones para salir a la calle, la primera con paraguas y la segunda sin paraguas. El terapeuta le pregunta: "¿Cómo debería salir a la calle el niño?".

Si el niño elige la segunda opción, salir sin paraguas, el terapeuta le mostrará la consecuencia y es que el niño se moja y se puede poner malo. En cambio, si el niño selecciona la primera opción, salir con paraguas, el terapeuta mostrará la imagen de un niño feliz y sin mojarse bajo la lluvia.

De esta manera, el alumno aprende a anticipar que si llueve necesita coger el paraguas, porque de lo contrario se mojará.

▪ La otra forma de trabajar las secuencias temporales consiste en ordenar las imágenes que se tienen según el orden en el que ocurren. Trabajando las secuencias temporales así, el niño aprende el orden en el que ocurren determinadas actividades en su vida diaria y podrá anticipar lo que sucede a continuación. Una vez ordenadas las imágenes, se va a narrar lo que ocurre en cada una de ellas

Secuencias temporales

 ## Actividades

1. El miércoles próximo, el niño con NEE irá de excursión a una granja escuela. ¿Cómo anticiparía esto para que no le provoque una situación de ansiedad realizar esta nueva actividad?
2. ¿Cómo establecería, mediante pictogramas, la rutina de vestirse para un niño con NEE?
3. ¿Cuáles son los diferentes métodos de anticipación que se pueden utilizar? Explíquelos brevemente.
4. ¿Cree que es importante poner pictogramas en todas las dependencias del hogar, así como en los diferentes objetos? Justifique su respuesta.

Aplicación práctica

¿Cómo establecería una rutina para un niño con trastorno del espectro autista para el momento de lavarse los dientes?

SOLUCIÓN

Es fundamental establecer rutinas para evitar situaciones de ansiedad en el niño. Para ello, el terapeuta se va a ayudar de imágenes que muestren paso a paso lo que tiene que realizar y, por tanto, lo pueda anticipar:

I. Ir al cuarto de baño.
II. Coger el cepillo de dientes y el dentífrico.
III. Echarle pasta de dientes al cepillo.
IV. Cepillarse los dientes.
V. Enjuagarse la boca.
VI. Secarse la boca.

En imágenes sería de la siguiente manera:

Secuencias temporales

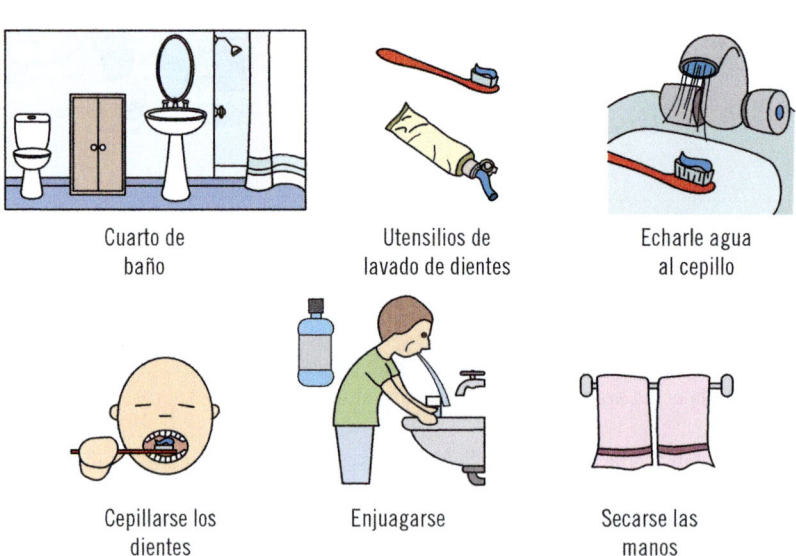

| Cuarto de baño | Utensilios de lavado de dientes | Echarle agua al cepillo |
| Cepillarse los dientes | Enjuagarse | Secarse las manos |

3. Tipos de agendas para ACNEE

Se ha aumentado en los últimos años, para el aprendizaje del alumnado con necesidades educativas especiales, el uso de agendas como herramienta fundamental para facilitar la comprensión y la anticipación.

Se trata de un registro, gráfico o escrito, de actividades diarias que se van a realizar. Estas actividades están organizadas temporalmente.

Las agendas presentan muchas ventajas en el niño con necesidades educativas especiales, porque proporcionan tranquilidad, organizan el mundo en el que vive y fomentan su motivación para el aprendizaje.

Muchas de las personas con necesidades educativas especiales presentan dificultades a la hora de prever lo que va a ocurrir a continuación, lo cual les provoca una situación de ansiedad, nerviosismo y preguntas repetitivas que se pueden manifestar en problemas de comportamiento.

Por eso es tan importante crear estrategias que faciliten la comprensión y anticipen lo que va a suceder, ya que, en algunos casos, no vale únicamente con explicarlo verbalmente. De esta manera, se utiliza la representación a través de imágenes y dibujos que sitúen al niño en el espacio y en el tiempo, lo cual le va a ayudar a anticipar lo que va a hacer hoy. Todo este planteamiento resulta de gran utilidad, sobre todo en niños pequeños o que carecen de lenguaje.

El objetivo principal que se busca a través del uso de las agendas es fomentar la autonomía y la independencia.

Las agendas se realizan en un trozo de cartón, madera o corcho, con un trozo de velcro en el centro sobre el que se irán colocando las actividades correspondientes. Las agendas se colocarán a una altura adecuada para el niño. Se intentará que el fondo sea de color blanco para evitar distracciones. Podrán colocarse de forma horizontal o vertical.

Para la comprensión de las agendas, en primer lugar, hay que trabajar con el niño la correspondencia de imagen y significado. Una vez que esto se ha conseguido, se pasa a elaborar las agendas.

Hay que tener en cuenta que el objetivo principal es favorecer la independencia, es decir, que sea consciente de su rutina diaria, por lo que hay que conseguir que cada vez que termine una actividad se dirija a la agenda para saber qué actividad viene a continuación. Para ello, se puede colocar una caja en la que se vayan colocando las actividades que van finalizando o simplemente tacharlas, poniendo sobre la actividad algún tipo de papel.

En un principio, se irá guiando al niño para que aprenda a utilizar la agenda. De esta manera, el terapeuta se colocará detrás de él y, guiando su brazo, cogerá la actividad que corresponda y le llevará al lugar donde debe realizar la actividad.

Según las necesidades del alumnado, se pueden realizar agendas diarias, semanales, mensuales o de sesiones de actividades.

Las agendas diarias se utilizan para señalar los tiempos de trabajo y de descanso dentro del aula. De esta forma, el alumno sabe qué tipo de actividad toca a cada momento. También es importante realizar este tipo de agendas en el contexto familiar.

Las agendas semanales se utilizan para aquellos niños que tienen una escolarización mixta y les especifican qué día tienen que ir a cada clase. También pueden servir para señalar los días que tienen que ir a actividades extraescolares.

En estas agendas, cada día de la semana se expresa con un color determinado y siempre será el mismo color. Cuando va acabando las actividades, se van eliminando de la agenda, de tal manera que cuando acaben todas las actividades, la tira de ese día permanecerá vacía, lo que hace que el niño vaya comprendiendo que el día ha acabado y que empezará otro.

Poco a poco, se irán introduciendo conceptos nuevos, como ayer, hoy y mañana, que se podrán colocar encima del día correspondiente.

Una vez que se hayan conseguido afianzar todos estos conceptos, se puede pasar al uso de las agendas mensuales. En estas agendas, los días serán del mismo color que en las agendas semanales y se seguirá el mismo procedimiento que estas.

En la sesión de trabajo, la agenda sirve para señalar las diferentes actividades que hay que realizar dentro una misma actividad.

Por otro lado, las agendas se elaborarán en función del nivel de abstracción que posea el alumno. De esta forma, se pueden diferenciar cuatro niveles:

- Objetos reales
- Fotografías
- Pictogramas
- Escritura

Así, se pueden encontrar distintos tipos de agendas: agendas de objetos reales, de fotografías, de pictogramas o agendas escritas.

3.1. Agendas de objetos reales

Este tipo de agendas consiste en un panel de cartón en el que se coloca una tira de velcro. Sobre esta tira, se ponen objetos reales relacionados con las actividades que se van a realizar.

Una vez terminada la actividad, se quitan los objetos y se guardan en una caja, de tal forma que solo quedan en el panel las actividades que quedan por realizar.

Agenda de objetos reales

3.2. Agendas de fotografías

Consiste en realizar fotografías de las actividades que se van a realizar en el día y de los objetos que se van a usar. Una vez finalizadas las actividades, el alumno guarda las fotografías en la caja correspondiente.

Agenda de fotografías

3.3. Agendas de pictogramas

Este tipo de agendas consisten en dibujar tanto situaciones de la vida diaria como objetos de forma esquemática, pero siempre relacionada con la realidad.

Los pictogramas tienen que cumplir las siguientes características para que sean más efectivos:

- Los dibujos deben ser esquemáticos y sencillos.
- Ajustados a la realidad.
- Contener pocos elementos, pero los más representativos de la actividad que se está reproduciendo.
- Escribir el nombre de la actividad que se está representando. De esta forma, el niño puede empezar a descifrar el lenguaje escrito o asociar una palabra con la actividad a la que hace referencia.

El paso de fotografía a pictograma se va a realizar progresivamente.

Al principio, se va a colocar el pictograma en la parte inferior de la fotografía y, poco a poco, se va a ir eliminando la fotografía hasta quedarse únicamente con el pictograma.

Agenda de pictogramas

3.4. Agendas escritas

En este tipo de agendas, se colocan palabras que el niño reconoce globalmente.

Hasta llegar a este grado de abstracción, el terapeuta habrá tenido que trabajar previamente con el alumno asociando la palabra escrita con su imagen de pictograma correspondiente.

En primer lugar, se coloca el pictograma con la palabra escrita y progresivamente se va eliminando el apoyo visual del pictograma.

Cuando la actividad finaliza, el niño guarda las palabras en su caja correspondiente.

Agenda de palabras escritas

 ## Aplicación práctica

Elabore una agenda diaria con las actividades de clase para un niño que presenta trastorno del espectro autista y que no comprende aún el lenguaje escrito pero presenta un nivel de abstracción adecuado.

SOLUCIÓN

Lo primero es elegir el tipo de agenda más apropiado para el alumno. Para ello, hay que conocer cuáles son sus características.

En este caso, se está ante un niño que presenta las siguientes características:

I Trastorno del espectro autista.
I Dificultades en el lenguaje escrito.
I Nivel de abstracción adecuado.

Con estas características, se puede establecer un tipo de agenda de pictogramas.

Una vez seleccionado el tipo de agenda, se van a determinar las actividades a situar en ella:

Continúa en página siguiente >>

<< Viene de página anterior

I Clase
I Estimulación
I Plástica
I Recreo
I Psicomotricidad
I Vuelta a casa

Cuando se finalice una actividad, se colocará una X debajo o algún tipo de indicación de que la actividad ha concluido. También se podrá colocar un papel encima de la actividad para taparla.

 Aplicación práctica

Elabore una sesión de trabajo para un niño que presenta síndrome del X frágil (recuerde que este síndrome está asociado al retraso mental).

SOLUCIÓN

Como se ha podido comprobar durante el capítulo, las sesiones de trabajo se utilizan para señalar las diferentes actividades que hay que realizar dentro de una misma actividad.

Para esta aplicación práctica, se va a trabajar con el niño una actividad en el rincón de trabajo individual. Se trata de colorear, recortar y pegar.

Continúa en página siguiente >>

<< Viene de página anterior

Sobre la mesa de trabajo, el alumno se encontrará con tres pictogramas ordenados y cada uno llevará el número correspondiente al orden que deben seguir:

1º Colorear   2º Recortar   3º Pegar

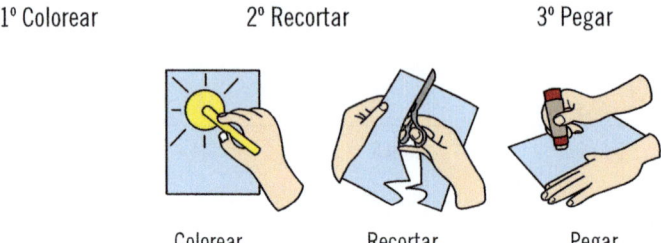

Colorear   Recortar   Pegar

El alumno irá viendo los pasos que tiene que ir realizando y cuando acabe una actividad la colocará en el rincón de acabado o colocará sobre las indicaciones una señal de finalizado.

Realizando las actividades de este modo, se fomenta la autonomía del alumno, ya que no necesita de las orientaciones continuas por parte del profesor o terapeuta.

 Actividades

5. Ponga en orden las diferentes agendas que es posible emplear para el alumno con necesidades educativas especiales en función de su grado de abstracción.
6. Defina los siguientes conceptos: agendas diarias, semanales, mensuales y sesiones de trabajo.

---

4. Tipos de horarios para ACNEE

Estructurar el tiempo para el alumnado con necesidades educativas especiales es fundamental para el correcto desarrollo del niño, tanto en el aula como en todos los contextos donde se desarrolle su vida.

Se trata de explicar al niño lo que va a hacer en cada momento. También es importante expresar el lugar donde se van a desarrollar las distintas actividades.

La organización del tiempo en el aula posee las siguientes finalidades:

- El ACNEE debe saber en todo momento las actividades que se van a realizar. A través de los horarios, el niño sabe lo que hay que hacer en cada momento, por lo que no sufre nerviosismo alguno.
- El ACNEE puede anticipar las actividades, así como el material necesario para su realización. Si el niño sabe la actividad que le toca realizar a continuación, podrá ir al rincón de material y coger aquello que necesite para la realización de la actividad. De esta manera, se fomenta su autonomía.
- Cuando el ACNEE asimile completamente el concepto de horario, se podrán empezar a introducir variaciones y modificaciones en el mismo, de tal manera que el niño mejore su flexibilidad mental, sin necesidad de que se produzcan rabietas.
- Los horarios también son muy importantes cuando la actividad que se va a realizar no sea del agrado del niño. Si el niño con necesidades educativas especiales está ante una actividad que le provoca una sensación de desagrado, la realizará de forma más eficaz si sabe en qué momento esta actividad se va a acabar. Es importante que detrás de esta actividad haya otra que sea agradable para el niño, para motivarlo y que lo entienda como recompensa por haber realizado la anterior correctamente.

Para elaborar los horarios, hay que tener en cuenta tres aspectos:

- La realidad con la que se representen los conceptos: se pueden realizar los horarios en función del nivel de abstracción que posea el niño. Si posee un nivel de abstracción bajo, las actividades en el horario estarán representadas con objetos reales y, si el nivel de abstracción es más alto, se podrán expresar a través de palabras. Hasta llegar a este nivel de abstracción, el niño habrá tenido que pasar por pictogramas.
- Se irá ampliando el número de actividades poco a poco. Primero es recomendable comenzar con tres actividades, si se trata de niños con un nivel de desarrollo bajo, y, poco a poco, ir ampliando el número. No es

recomendable sobrecargar los horarios. Hay que dejar que el niño vaya asimilando poco a poco el concepto de horario.

■ Es fundamental tener en cuenta las características de los niños a los que van dirigidos los horarios. Cada horario o calendario debe estar adaptado a las características y necesidades de cada alumno.

Para estructurar el tiempo, se van a emplear los siguientes recursos: conocer el día de la semana en el que se encuentra, agendas de trabajo, tiempo empleado para la ejecución de las actividades, calendario del mes y organización del tiempo en los rincones de trabajo.

De las agendas de trabajo ya se ha hablado, así que ahora se tratará el desarrollo de los otros recursos:

■ **Conocer el día de la semana:** el día de la semana se va a representar siempre con un color determinado y un dibujo. Por ejemplo, el lunes en rojo, el martes en verde, el miércoles en amarillo, el jueves en azul y el viernes en naranja. Estos colores serán siempre los mismos a lo largo del curso.

■ **Tiempo empleado para la ejecución de las actividades:** en algunas actividades, está marcada su duración. Por ejemplo, cuando el niño desayuna, el desayuno acaba cuando el niño se termina el zumo y el bocadillo. Sin embargo, existen otras actividades en que el tiempo no está determinado, sino que lo tiene que establecer el terapeuta. Para ello, se le da al niño una cruz o un círculo de color que tiene que colocar debajo de la imagen de la actividad que está realizando. Esta señal significa que la tarea ha finalizado y que se puede pasar a la siguiente.

■ **Calendario del mes:** a través de este recurso, se pueden colocar los eventos más señalados que van a ocurrir durante el mes y que no son actividades diarias y, por tanto, pueden producir ansiedad en el niño. De esta forma, el niño puede anticiparlos. Se colocan en las fechas señaladas los pictogramas de la fiesta a la que corresponde. Este calendario se realizará al principio del mes, siempre con la colaboración del niño.

■ **Organización del tiempo en los rincones:** cuando el niño se encuentre en el rincón de trabajo, tendrá que realizar la secuencia de actividades que el profesor le ponga.

Esto se realizará de la siguiente manera: tendrá sobre la mesa una tira de velcro con el número de las tareas que tiene que realizar. Cada número irá de un color que se relacionará con la bandeja donde encontrará las actividades. Cuando acabe esa actividad, colocará el indicativo de terminado y pasará a la siguiente actividad. Terminadas todas las actividades, llevará al profesora la tira de velcro completada y le dirá que ya ha terminado.

 Actividades

7. ¿Qué recursos se pueden emplear para la estructuración del tiempo? Explíquelos brevemente.
8. ¿Qué finalidades persigue la estructuración del tiempo en el aula?

4.1. Horarios semanales

En el horario semanal, deben estar representados cada uno de los días de la semana de un color determinado y siempre será el mismo, de tal manera que ayude al niño a identificar rápidamente el día en el que se encuentra.

Además del color, es posible representar cada uno de los días de la semana con una forma distintiva. Por ejemplo, el lunes se representará, además de con la grafía, con la imagen de una flor, el martes con una mariposa, el miércoles con una pelota, etc.

En cada uno de los días, debe haber dos tipos de actividades:

■ Actividades que se realizan a diario.
■ Actividades que se realizan de forma periódica.

Actividades que se realizan a diario

La repetición de las actividades es fundamental porque, a través de esto, el niño es capaz de interiorizar la secuencia de actividades y al mismo tiempo anticipar lo que va a pasar a continuación (asambleas, rutinas, juegos, etc.).

Es importante que las actividades que se realicen a diario se efectúen siempre en el mismo orden, aunque la actividad que se realice cambie. Por ejemplo: después de la rutina de revisar juntos la agenda de clase, se realiza el trabajo individual, entonces el niño acudirá a su mesa de trabajo cuando finalice la primera rutina, aunque la actividad que realice en ella no sea la misma que la que realizó el día anterior (un día realizará en su mesa fichas de grafomotricidad y al otro día realizará puzles).

De esta forma, el niño aprende a anticipar y, cuando acaba una actividad, sabe a dónde tiene que dirigirse para realizar la siguiente. Esto se conseguirá a través de la repetición.

Actividades que se realizan de forma periódica

Se trata de actividades que se realizan a diario, pero que forman parte del currículum escolar.

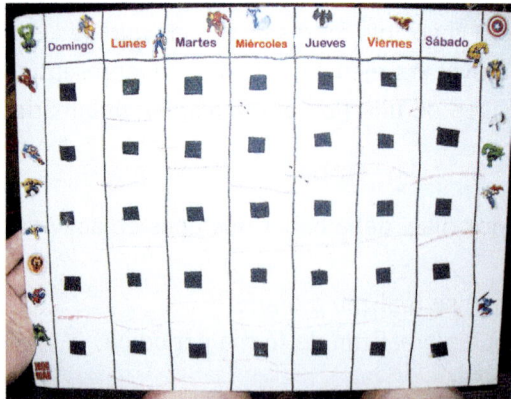

Ejemplo de horario semanal en el que, con velcro, se pegará la secuencia de actividades que se van a realizar.

4.2. Horario de actividad central del día

En el horario semanal, cada día tendrá una actividad central, que será siempre la misma y que se asociará al color propio del día de la semana al que corresponde.

 Aplicación práctica

Elabore un horario semanal para un niño que presenta un trastorno generalizado del desarrollo, incluyendo actividades diarias.

SOLUCIÓN

Cuando se realiza un horario para un niño con estas características, hay que señalar cada día de la semana con un color determinado y siempre debe ser el mismo color. Las actividades que se van a realizar se van a representar a través de pictogramas. El horario se podrá hacer de forma horizontal o vertical, pero siempre se elegirá el mismo formato.

Las actividades diarias que se van a introducir habrá que ponerlas en orden temporal. Se va a poner el ejemplo de un día de la semana cualquiera, puesto que los demás días seguirán las mismas indicaciones:

I. Buenos días: el niño entra en clase y coloca su mochila y el abrigo en la percha. Esta percha tendrá un color representativo y la imagen del niño al que pertenece, de tal manera que sepa cuál es la suya y deje sus pertenencias en el mismo sitio siempre.
II. Agenda de clase: en esta actividad, se va a situar al niño en el día de la semana en el que está y a explicar ordenadamente todas las actividades que se van a realizar en el día, desde la primera hasta la última.
III. Trabajo individual: esta actividad se realiza en la mesa de cada alumno. Las mesas están diferenciadas con fotografías del niño. En la mesa, el niño encontrará la secuencia de actividades a realizar.
IV. Desayuno: cuando termina la actividad de trabajo individual, el siguiente pictograma es del desayuno. El niño se dirigirá al rincón del desayuno con su comida y desayunará con los compañeros.
V. Actividad central del día: en el caso del lunes, la actividad central del día va a ser psicomotricidad.
VI. Relajación: el niño se dirige a las colchonetas. Se pone música relajante. Esta actividad será el indicativo de que la jornada laboral está acabando y cuando finalice la actividad se irá a su casa con sus padres.

Ejemplo

En el aula de educación especial, se realizarán las siguientes actividades centrales del día:

I Lunes: psicomotricidad.
I Martes: logopedia.
I Miércoles: salidas al entorno.
I Jueves: jardinería.
I Viernes: piscina.

5. El horario de trabajo

Al trabajar con un alumno con necesidades educativas especiales, es necesario tener en cuenta una serie de aspectos en cuanto al cumplimiento del horario de trabajo.

5.1. Cumplimiento de actividades de los ACNEE

Cuando el alumno esté realizando alguna actividad propuesta en el horario de trabajo, esta actividad debe terminarla. No se puede permitir que el alumno deje la actividad que esté realizando a mitad y cambie para hacer otra. El niño debe saber que hasta que no finalice una actividad no se puede empezar a hacer otra.

En algunas actividades, viene determinado el momento de finalización de la misma, como por ejemplo colorear (cuando se acaba de colorear el dibujo se acaba la actividad), mientras que en otras actividades hay que determinar su finalización.

Un alumno con necesidades educativas especiales presenta unas características personales que hay que tener siempre presentes a la hora de trabajar con él. Es posible que, en más de una ocasión, el alumno llegue al aula o al centro con una actitud no favorable para el aprendizaje. Esto puede venir originado, por ejemplo, por un día de lluvia, algún altercado que haya sufrido anteriormente, etc. En este caso, hay que hacer todo lo posible por favorecer el aprendizaje.

Cuando el alumno entre en el aula, el maestro ya sabrá la actitud que ese día trae para el aprendizaje, por lo que debe estar atento.

Por ello, es importante el uso del velcro en las agendas de trabajo, para poder cambiar las actividades sin ningún problema. Si ese día el alumno no está motivado para realizar una actividad que le resulta más pesada, se le cambiará por otra que tenga el mismo objetivo, pero cuya realización le resulte más llevadera.

También es necesario tener algún recurso que indique que una actividad no se ha podido realizar por alguna circunstancia, bien sea por falta de tiempo o por falta de actitud por parte del alumno.

En este caso, se va a señalar a través de una X de color rojo que se colocará sobre la actividad que no se ha podido realizar. Esta X va a significar que no se ha podido realizar esa actividad.

6. Normas básicas de trato

Cuando se trabaja con un alumno con necesidades educativas especiales, se deben tener en cuenta las características individuales que posee y, sobre todo, es fundamental que el docente no caiga en errores como etiquetar al alumnado, ya que, si cae en esto, no conseguirá sacar todo el potencial que posee su alumno, porque se fijará más en sus limitaciones que en sus posibilidades. Esto es lo que se conoce como **Efecto Pigmalión.**

Cuando se hace referencia al término de necesidades educativas especiales, se hace hincapié en las condiciones y circunstancias que deben darse en la clase y en el contexto escolar para satisfacer las necesidades que posea el alumnado.

Las actitudes del docente deben basarse en los siguientes principios:

- Educar es mucho más que enseñar conceptos escolares. Hay que tener presente que el docente no solo está para enseñar matemáticas o lengua, sino que su papel es mucho más importante que eso.
- La educación debe ser personalizada, ya que las personas a educar poseen sus propias características.

De forma general, se señalan algunas normas que es posible seguir con este tipo de alumnado:

- Siempre hay que hablar con el niño, independientemente de lo que se esté haciendo. Además, hay que ayudarle para que pueda expresarse y explique qué es lo que le está ocurriendo en cualquier momento.
- En la realización de actividades, hay que dejar un tiempo para la relajación.
- Hay que respetar la tolerancia del niño al cansancio.
- Respetar las habilidades y capacidades del alumno.
- Cuando el alumno tenga alguna rabieta, no castigarlo, sino buscar el porqué de esas rabietas.
- No emplear el "no" con el alumno. Esto hará que cese en su proceso de comunicación.
- Hay que dejar que el alumno realice las actividades por sí solo. Si tarda más no pasa nada, pero el terapeuta debe fomentar la autonomía.
- Dejar que el niño aprenda a su propio ritmo.
- Tener cuidado en no pedir al niño más de lo que pueda dar.
- Cuando el alumno esté realizando las actividades, permanecer cerca de él y mantener contacto visual.
- El terapeuta debe estar pendiente de las relaciones que se establezcan entre el niño con necesidades educativas especiales y el resto de los alumnos, ya sea con discapacidad o sin ella.
- Valorar siempre positivamente lo que realice correctamente.

Por otro lado, el alumno con necesidades educativas especiales también debe seguir una serie de normas dentro del aula y del contexto escolar. Algunas de estas normas pueden ser:

- Cumplir con los horarios establecidos.
- No gritar.
- No pelearse con los compañeros.
- Recoger todo el material que se use.
- Respetar y obedecer a la profesora.
- Esperar en fila con el resto de compañeros.

Todas estas normas quedarán reflejadas en un cartel dentro del aula mediante pictogramas, de tal manera que siempre estén a la vista del alumno y este pueda comprenderlas e interiorizarlas.

Durante la actividad inicial de acogida o buenos días, la maestra repasará con su alumnado las normas que hay que seguir para ser buenos alumnos.

Normas para el buen comportamiento

| En fila | No gritar | No se pega |
| Silencio | No quitarse la ropa | No se come chicle |

 Actividades

9. ¿Qué valores cree que debe poseer el maestro que atienda al alumnado con necesidades educativas especiales?

7. Guías de pasos

Además de la estructuración del espacio y del tiempo, hay que ofrecer al niño con necesidades educativas especiales una serie de recursos y de estrategias que respondan a sus necesidades. Estos recursos deben ser adaptados a la forma en la que el niño aprende.

Las estrategias metodológicas a seguir son:

- Hay que estar comunicados siempre con la familia. Desde ella se va a recibir la información más valiosa del niño y con la que mejor se puede trabajar, ya que en casa es el lugar donde más tiempo pasa.
- Para esto, se va a trabajar con una agenda de anotaciones, en el que tanto la familia como el profesorado escribirán diariamente los cambios que se produzcan en el niño.
- Enseñar siempre a partir de lo que el niño ya conoce. De esta manera, se conseguirá un aprendizaje significativo, es decir, el niño va a relacionar la información nueva con la que ya tiene asimilada.
- Hay que comprobar que el alumnado posee las estrategias adecuadas para el proceso de enseñanza-aprendizaje.
- Siempre que programen los objetivos, deben estar adaptados a la edad cronológica del niño. No se puede olvidar el carácter funcional de los objetivos.
- El proceso de enseñanza-aprendizaje debe basarse en los intereses del niño. De esta manera, se busca la motivación del niño para que el aprendizaje sea lo más productivo posible. Cuando se realicen actividades que sean más pesadas para el niño, se intercalan con otras actividades que sean de su agrado. Así, se volverá a mantener la atención del niño sin cansarlo.
- Uno de los recursos más útiles es el emparejado o la clasificación de objetos.
- Hay que evitar por todos los medios el aprendizaje por ensayo y error. Esto es así porque este tipo de aprendizajes puede generar en el niño con necesidades educativas especiales frustración cuando no consiga el objetivo deseado y dejará de intentarlo.
- Se empleará el moldeado de conducta, es decir, el terapeuta debe reforzar aquellas conductas que más se acerquen a la conducta deseada y

que se quieren conseguir en el niño. Esta técnica de modificación de la conducta se utiliza cuando se quieren conseguir en el niño una serie de conductas que no figuran en su repertorio habitual.

- Como se ha señalado anteriormente, hay que hacer uso de las rutinas.
- Reforzar positiva y negativamente las conductas del niño. El refuerzo positivo consiste en que, cuando el niño realiza adecuadamente una conducta, el terapeuta le recompensa con algo agradable para él. Esta recompensa puede ser verbal, por ejemplo "¡muy bien! ¡enhorabuena!", o material, por ejemplo darle algún tipo de golosina o recompensarlo realizando una actividad que a él le guste, como jugar con la pelota.
- El refuerzo negativo consiste en quitar algo desagradable para el niño. Por ejemplo, eliminar una actividad que le resulte desagradable.
- Es fundamental utilizar claves visuales, eliminando toda la información innecesaria.
- Cuando se hable con el niño, el lenguaje a emplear debe ser claro y conciso, empleando frases cortas y claras. Por ejemplo, si se quiere que el niño se siente, se dirá "X, siéntate" y no "por favor, ¿serías tan amable de sentarte?" para evitar distracciones. También es importante que la entonación sea directa.
- Hay que evitar todo lo que pueda distraer y confundir al niño.
- Hay que fomentar el aprendizaje en entornos naturales de la vida del niño, de tal manera que se convierta en un aprendizaje funcional.
- Darle al niño únicamente la ayuda necesaria para que sea él solo el que resuelva la situación, dándole el tiempo necesario.
- Hay que estar pendiente de la evolución del niño, teniendo siempre presente su repertorio de conductas y los intentos de comunicación espontáneos que pueda tener.

Todo lo expuesto anteriormente puede aplicarse en diferentes situaciones de la vida diaria del niño: para indicarle el lugar al que debe dirigirse, los desplazamientos nuevos que se van a realizar, para explicar el uso del cuarto de baño, anticipar un cambio de actividad, para explicarle la elección de actividades en el recreo o para describir el proceso de alimentación, etc.

A continuación, se van a describir los pasos a dar para explicar al alumno algunas de estas situaciones.

7.1. Desplazamiento del ACNEE por el centro escolar

Cuando un alumno con necesidades educativas especiales tenga que salir del aula de educación especial para acudir a otros servicios, como a logopedia o al aula ordinaria, se van a emplear, al igual que en otros casos, claves visuales.

Toda la secuencia de actividades que realiza el alumno en el aula queda reflejada en su agenda individual. Cuando el niño llegue a este pictograma, porque ya ha finalizado las actividades anteriores, sabrá que le toca ir al aula de logopedia.

El aula de logopedia tendrá este pictograma en grande en la puerta de la clase, para que no haya posibilidad de error para el niño.

Pictograma de logopedia

La manera en la que se explicará al alumno cómo ir hasta allí será la siguiente:

- Desde la clase hasta el aula de logopedia se colocarán flechas con este pictograma, indicando el camino que tiene que seguir.
- Las primeras veces, el maestro acompañará al niño, señalándole la dirección que marcan las flechas y explicándole verbalmente el recorrido a realizar.

- Cuando se llegue a la clase de logopedia, la puerta estará cerrada para que le niño sepa que tiene que llamar a la puerta (también se puede colocar el pictograma de llamar).

Pictograma llamar a la puerta

TOC
TOC

¿Se puede?

El alumno esperará la respuesta de la profesora para entrar. Si esta le dice que tiene que esperar porque está ocupada, en el suelo quedará reflejado el pictograma de esperar. Este pictograma sirve para que, cuando el niño tenga que esperar, se coloque encima de él y evitar de esta manera movimientos incontrolados. Este pictograma se ha enseñado en clase con anterioridad para que conozca su significado.

Pictograma de esperar

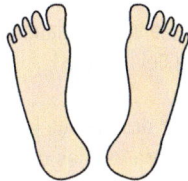

Poco a poco, el maestro irá dejando solo al alumno hasta que finalmente sea capaz de llegar por sí solo al aula de logopedia.

7.2. Desplazamientos nuevos que se van a realizar fuera del centro

Como se ha explicado anteriormente, es fundamental explicar todo lo que el niño va a vivir a lo largo del día.

En el caso de que se vaya a realizar una actividad nueva fuera del centro, hay que explicarle al niño todo lo que va a ver, mostrándole imágenes y fotografías de ese lugar, anticipándole las actividades que va a hacer y la forma de llegar hasta allí, de tal manera que favorezca su autonomía cuando esté en ese lugar.

Esta actividad quedará reflejada en la agenda de clase, más concretamente en el calendario de mes, porque es una actividad extraordinaria.

 Aplicación práctica

¿Cómo anticiparía a un niño con trastorno generalizado del desarrollo una salida al zoológico?

SOLUCIÓN

A través de imágenes, se le muestra al niño a donde va a ir y la forma en la que se desplazará hasta allí y en qué momento irá. Si se va a coger el autobús, se le explicará.

Durante los buenos días, en el momento en que todos se saludan y se pasa lista, se va a comunicar la nueva actividad para este día.

"Esta mañana vamos al zoológico (se muestra la imagen del zoológico), hasta aquí iremos en autobús (se muestra la imagen del autobús)."

"Esta actividad la vamos a realizar después de leer la agenda diaria" (cuando el alumnado se dirija a la agenda diaria para leer las diferentes actividades que van a realizar durante el día lo comprobará por él solo)."

Aunque el niño lo vaya a descubrir por él solo cuando lo vea en su agenda, habrá que anticipárselo para evitar ansiedad y nerviosismo por no entender ese nuevo pictograma que aparece en su agenda.

"Cuando lleguemos allí, vamos a ver a diferentes animales: leones, elefantes, jirafas, monos, etc. (se muestra el pictograma de ver y los diferentes animales que va a ver allí)."

Continúa en página siguiente >>

<< Viene de página anterior

"Daremos un paseo por el zoo y desayunaremos."

"Después de desayunar, haremos unas actividades en las que colorearemos animales del zoo."

"Cuando finalice esta actividad, volveremos al cole en el autobús."

Todos estos pasos se explicarán a través de imágenes y se utilizará para ello una secuencia de actividades. Se colocarán sobre una tira de cartón con velcro las actividades en el orden en el que van a ocurrir.

7.3. Uso del cuarto de baño

Para el uso del cuarto de baño, hay que tener en cuenta en primer lugar que todos los instrumentos y objetos que el niño pueda usar en el cuarto de baño deben estar correctamente señalizados.

En segundo lugar, delante del mobiliario del cuarto de baño quedará expresada la secuencia de actividades o rutinas que el alumno debe seguir.

Por ejemplo, sobre el lavabo y siempre a la altura de los ojos del alumno, se colocarán las claves visuales que tiene que seguir cuando se lave los dientes o las manos.

En el caso de enseñar al niño a hacer pipí, en el retrete se mostrará el pictograma hacer pipí para que no haya equivocación de donde tiene que hacerlo.

Hacer pipí (niño y niña)

Sobre el retrete, se colocará la secuencia que el niño debe seguir para hacer pipí:

- Levantar la tapa.
- Bajarse los pantalones.
- Hacer pipí.
- Subirse los pantalones.
- Bajar la tapa.
- Tirar de la cisterna.

Las **historias sociales** son cuentos cortos y adaptados a las características de la persona, que vienen acompañados de apoyo visual, en los que se explican las normas de conducta de una situación concreta. Sirven para hacer explícitos todos aquellos aspectos sociales y comportamentales asociados con el contexto y a los que la persona no es capaz de acceder sin ayuda.

En concreto, "una historia social se escribe para proporcionar información sobre lo que la gente en una situación dada, piensan o sienten. Representan una serie de experiencias donde se reflejan las señales sociales y su importancia, y el guion, de lo que deben o pueden hacer y decir; en otras palabras, el qué, cuándo, quién y por qué de las situaciones sociales." (Attwood, 2000, pág. 90).

En el caso de hacer pipí, se puede realizar la siguiente historia social para enseñar al niño que, después de hacer pipí, debe dirigirse al lavabo para lavarse las manos:

"Cuando hacemos pipí, puede pasar que nos manchemos las manos, aunque haya sido sin querer. Hay que tener las manos lo más limpias posible, porque puede ser que después de hacer pipí vayamos a comer o toquemos a alguien y, si tenemos las manos manchadas de pipí, las personas no van a querer darnos las manos o puede que manchemos la comida y nos pongamos malitos.

Por eso, siempre que hagamos pipí hay que lavarse las manos después para tenerlas muy limpias.

Así que a partir de ahora me lavaré las manos siempre después de hacer pipí para que mi familia y amigos estén felices."

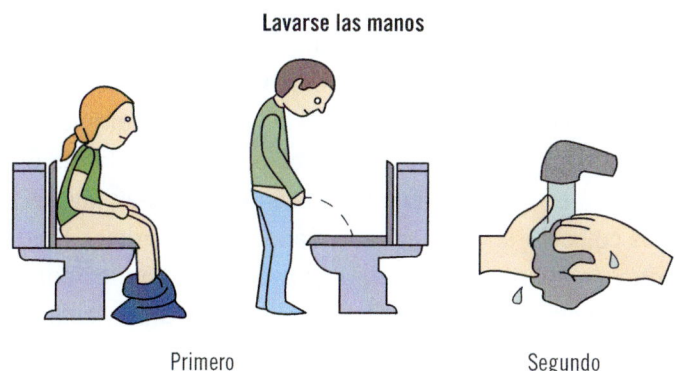

Lavarse las manos

Primero · Segundo

7.4. Momento de alimentación

Esta actividad se realiza en el rincón del desayuno. Durante la mañana, el alumno se acerca a la agenda personal para ir comprobando las actividades que tiene que ir realizando, una vez que vaya finalizando las actividades anteriores. Cuando llegue a la actividad desayuno, se acercará a su mochila, cogerá los alimentos que traerá de casa y, a continuación, se dirigirá al rincón del desayuno. Es importante que no todos los alumnos realicen esta actividad a la vez para que puedan desayunar tranquilos y no se pongan nerviosos. Así, mientras este alumno desayuna, otros realizan otras actividades, como hacer pipí, logopedia, etc.

Una vez que el alumno ha cogido su desayuno y se ha dirigido al rincón adecuado, tendrá que formar su menú. Esto se realiza de la siguiente manera: el alumno se dirige al panel de desayuno y, en su nombre o imagen, selecciona los pictogramas de los alimentos que trae de casa y los coloca correctamente en su menú. Una vez que esto lo ha realizado correctamente, tiene la oportunidad de dirigirse hacia el panel elegir y seleccionar de entre los alimentos que contiene el que él desee (chocolate, frutos secos, etc.). Entre estos alimentos, están los preferidos por el niño y será una forma de recompensar positivamente la realización correcta de la actividad.

Es muy importante que el alumno diga en voz alta la secuencia de alimentos que va a tomar, si es capaz de vocalizar, porque así le dará sentido a lo que hace.

En el caso del almuerzo, habrá que encargarse de poner la mesa. Al igual que en el momento del desayuno, el alumno habrá comprobado en su agenda que es la hora de comer, así que se dirigirá a la mesa del almuerzo y pondrá la mesa. Cada uno de los alumnos tiene su propio salvamanteles en el que tendrá dibujadas las siluetas de los diferentes utensilios que hay que usar a la hora de comer y los colocará en su lugar adecuado. Los materiales los cogerá de la estantería correspondiente, que queda indicada con el pictograma menaje del hogar. Esta secuencia quedará reflejada a través de claves visuales, de tal manera que el niño sabrá qué poner en cada momento y no tendrá duda alguna.

Ejemplo de secuencia para poner la mesa

Cuando la mesa ya esté puesta, se irá con el alumnado al panel donde estará puesto el menú del día.

En este panel, estará reflejado el día de la semana, el pictograma o imagen del primer plato, del segundo plato y del postre y el símbolo de comer, para anticipar que se va a comer.

A continuación, se leerá con la profesora el tablón: "hoy lunes comeremos habichuelas de primero, de segundo salchichas con patatas y de postre una pera y un vaso de leche".

Menú del día		
Hoy	Lunes	Comemos
1 Plato		
2 Plato		
Postre		

También se podrá trabajar la hora de la comida de la siguiente manera: el alumno tiene su propio tablero de menú. La profesora le muestra el menú de lo que van a comer ese día y él tendrá que crear el suyo propio, buscando los pictogramas y las imágenes correspondientes.

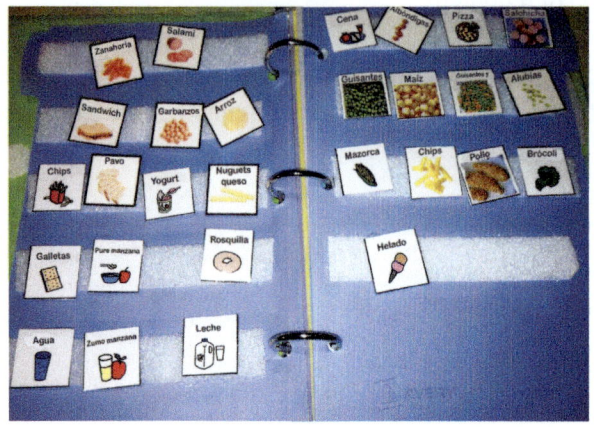

Fotografías de primeros y segundos platos y postres

7.5. Recreo y actividades lúdicas

El recreo es un momento del día muy importante para todos los niños, ya que permite descansar y relacionarse con el resto de los compañeros de manera espontánea y divertida. Sin embargo, para el niño con necesidades educativas especiales, se puede convertir en un momento de inseguridad. Esto es debido a que no existe una rutina ni una organización estable.

El alumnado con necesidades educativas especiales puede tener las siguientes conductas en la hora del recreo:

- Aislamiento
- Conductas estereotipadas
- Conductas disruptivas
- No interacción con sus iguales y en el juego

Por este motivo, es muy importante que este momento del día esté bien organizado, al igual que el resto de los momentos escolares.

Además de la anticipación, que es sumamente importante en la organización de las actividades para el alumno con necesidades educativas especiales, es igual de importante conocer cuáles son sus preferencias de juego, ya que para estos niños es difícil encontrar en muchas ocasiones actividades que prefieran y por las que sientan una afinidad superior. Por ello, es fundamental la comunicación con las familias, porque los padres y las madres son quienes mejor conocen al alumnado.

Al principio, durante el recreo, se va a acompañar al alumno al patio para observar los diferentes juegos que se pueden realizar, explicando verbalmente y de manera detallada cada uno de los juegos. También se le va a enseñar al niño dónde puede y dónde no puede ir. Las zonas prohibidas del patio quedarán marcadas con señales visuales para que el niño lo entienda y no haya posibilidad de error.

Cuando llegue la hora del recreo, que quedará reflejada en la agenda diaria, el maestro se dirigirá al alumno explicándole el momento en el que está. A continuación, le mostrará los pictogramas de los diferentes juegos que anteriormente se le han enseñado, verbalizando toda la información que pueda.

Esto lo realizará de la siguiente manera: "Bien, es la hora del recreo, ahora podremos jugar a lo que te apetezca. Podremos jugar a las construcciones, a la pelota o con los muñecos."

Juegos   *Juegos con pelota*

Juegos con muñecos

El alumno elegirá una fotografía y se dirigirá al rincón de los juegos para cogerlo y llevárselo al patio.

Las historias sociales pueden servir para enseñar al alumnado cómo responder ante determinadas situaciones, por ejemplo cuando algún alumno sufre burlas o abusos por parte de otros alumnos del centro.

Hay que explicarle también que cuando suene la campana debe volver a clase, puesto que ya ha finalizado el tiempo de recreo.

Se puede fomentar la interacción del alumno con necesidades educativas especiales con el resto de alumnos. Los alumnos sin dificultades se turnarán y participarán con este alumno en los momentos de recreo, siempre respetando la necesidad del alumno de pasar tiempo en solitario, que también es necesario para él.

 ## Aplicación práctica

Elabore una historia social para explicar a un niño con síndrome de Down que se pone nervioso cuando va al peluquero.

Continúa en página siguiente >>

<< Viene de página anterior

SOLUCIÓN

Algunas veces, tengo que ir al peluquero porque mi pelo está demasiado largo.

Cuando mamá me lleva al peluquero, me siento nervioso y me da miedo, pero aunque me sienta nervioso, tengo que entrar en la peluquería y sentarme en la silla sin portarme mal y haciendo caso a lo que mamá me dice. El peluquero es bueno y no me va a hacer daño. Escucho las historias que me cuenta. Es muy divertido.

Cuando acabo, estoy muy guapo con mi pelo cortado y mamá está contenta porque me he portado muy bien.

 Actividades

10. ¿Cómo explicaría a un niño con dificultades en la comprensión del lenguaje qué va a realizar una actividad extraordinaria al jardín botánico de su ciudad?
11. Elabore una aplicación práctica para un alumno con trastorno generalizado del desarrollo, para explicarle los pasos a seguir cuando vaya a lavarse las manos.
12. Explique la forma de enseñar a un niño con síndrome de Down cómo llegar al patio del colegio desde el aula de educación especial.
13. Escriba una historia social que explique al niño lo que tiene que hacer si algún alumno se burla de él en el patio del colegio.

---

8. Resumen

En este capítulo, se ha estudiado la importancia de la anticipación en el alumno con necesidades educativas especiales. La anticipación consiste en avisar al niño de lo que va a suceder a su alrededor para poder asimilarlo y entenderlo sin que suponga para él un estado de ansiedad.

Para llevar a cabo la anticipación, se dispone de varios recursos: rutinas, organización del espacio, claves visuales y secuencias temporales.

Todos estos recursos se realizan a través de pictogramas y claves visuales. Por ello, las agendas de trabajo son las más utilizadas en el aula de educación especial, porque, a través de pictogramas, fotografías, objetos reales o de la escritura, permiten al alumno organizar su día escolar.

También es fundamental tener organizados y estructurados los horarios de clase, de tal manera que el alumno siempre sepa que viene a continuación.

Por todo ello, son fundamentales los sistemas alternativos y aumentativos de comunicación estudiados, porque serán la base para organizar y explicar al alumno tanto normas como hábitos de higiene y comportamiento.

Ejercicios de repaso y autoevaluación

1. **¿Qué métodos de anticipación se pueden utilizar para el ACNEE?**

   a. Rutinas, claves visuales, organización del espacio y secuencias temporales.
   b. Rutinas, claves visuales, secuencias temporales.
   c. Rutinas, claves visuales y organización del espacio.
   d. Todas las opciones son incorrectas.

2. **¿Qué objetivos se persiguen cuando se trabaja con claves visuales?**

   _____
   _____
   _____
   _____

3. **De las siguientes afirmaciones, diga cuál es verdadera o falsa.**

   a. Todos los lugares del centro escolar deben estar claramente delimitados y diferenciados.

   ☐ Verdadero
   ☐ Falso

   b. Las agendas pueden ser diarias y semanales únicamente.

   ☐ Verdadero
   ☐ Falso

   c. Es necesario que cada día de la semana se represente con un color.

   ☐ Verdadero
   ☐ Falso

   d. En los horarios, se pondrán solamente las actividades que se realizan a diario.

   ☐ Verdadero
   ☐ Falso

e. Hay que darle al niño toda la información necesaria, cuanta más mejor.

☐ Verdadero
☐ Falso

4. **En función del nivel de abstracción que posea el alumno, ¿cómo pueden ser las agendas?**

_____
_____
_____
_____

5. **¿Qué tipo de agenda sería más conveniente para un niño con buen nivel de abstracción pero que no conoce la escritura?**

_____
_____

6. **Relacione las imágenes con el tipo de agenda al que hacen referencia.**

_____

Agenda de pictogramas-Agendas escritas-Agendas de objetos reales-Agendas de fotografías

7. ¿Cuáles son las finalidades que poseen los horarios en el ACNEE?

_____

_____

_____

_____

_____

_____

8. ¿Cuáles de los siguientes recursos se emplean para estructurar los horarios?

    a. Agendas de trabajo, calendario del mes.
    b. Secuencias temporales, organización del tiempo de trabajo en los rincones.
    c. Conocer el día de la semana, tiempo empleado para la realización de actividades.
    d. Historias sociales y rutinas.
    e. Organización del tiempo en los rincones.

9. ¿Qué son las actividades centrales del día?

_____

_____

_____

_____

10. ¿A qué hace referencia esta definición? Cuentos cortos que describen objetivamente a personas, lugares, acontecimientos y conceptos o situaciones sociales, siguiendo un contenido y formato específico.

_____

_____

11. ¿Qué aspectos hay que tener en cuenta a la hora de elaborar los horarios?

_____

_____

_____

_____

12. ¿Para qué sirve una agenda de sesión de actividades?

_____

_____

13. Ponga en orden los pasos que hay que seguir en la administración de alimentos.

___ Dirigirse al panel donde está el menú del día.

___ Leer el menú: "Hoy martes comeremos de primero garbanzos, de segundo sanjacobo con verdura y de postre un plátano."

___ Poner la mesa utilizando su propio salvamantel, que tiene dibujada la silueta de los diferentes utensilios que hay que usar.

___ Dirigirse al rincón del almuerzo.

___ El alumno coge los materiales de la estantería, que vendrán señalado con el pictograma correspondiente.

___ El niño comprueba en su agenda que es la hora del almuerzo.

14. Señale las estrategias metodológicas que hay que utilizar con el ACNEE.

a. Aprendizaje por descubrimiento.

b. El proceso de enseñanza-aprendizaje debe basarse en los intereses y motivaciones del niño.

c. Reforzar positiva y negativamente.

d. Aprendizaje por ensayo y error.

e. Lenguaje claro y conciso.

f. No utilizar el emparejado o clasificación de objetos.

15. ¿Cuál es el objetivo fundamental de las agendas? ¿Qué hay que hacer para conseguirlo?

Bibliografía

Monografías

▌ DE LOS REYES Rodríguez, I.: *Comunicar a través del silencio: las posibilidades de la lengua de signos española.* Sevilla: Universidad de Sevilla, 2005.

▌ DÍEZ Freijeiro, S.: *Técnicas de comunicación. La comunicación en la empresa.* Vigo: Ideaspropias, 2006.

▌ JIMÉNEZ, M., GONZÁLEZ, F. J., SERNA, R. y FERNÁNDEZ, M.: *Expresión y comunicación.* Madrid: Editex, 2002.

▌ MORENTE Santiago, T.: *La intervención educativa en autismo.* Revista Enfoques Educativos, 2008.

▌ POLONIO López, B, CASTELLANOS Ortega, M. C. y VIANA Moldés, I.: *Terapia ocupacional en la infancia: teoría y práctica.* Madrid: Médica Panamericana, 2008.

▌ SANTANA Hernández, R.: *La palabra complementada: su aportación al desarrollo del lenguaje oral y escrito en los sordos profundos.* Las Palmas de Gran Canaria: Universidad de las Palmas de Gran Canaria, 2003.

▌ TORRES Monreal, S. y RUIZ Casas, M. J.: *La palabra complementada. El modelo oral complementado. Introducción a la intervención cognitiva en logopedia. Volumen 1.* Madrid: Impresos y Revistas, 1996.

❙ VÁZQUEZ Reyes, C. y MARTÍNEZ Feria, M. I.: *Los trastornos generales del desarrollo. Una aproximación desde la práctica. Volumen 3.* Sevilla: Consejería de Educación, Junta de Andalucía, 2006.

❙ VÁZQUEZ Reyes, C. y MARTÍNEZ Feria, M. I.: *Trastornos del espectro autista. Volumen 1.* Sevilla: Consejería de Educación, Junta de Andalucía, 2006.

Textos electrónicos, bases de datos y programas informáticos

❙ Autismo diario. Agendas personales para niños con autismo, de: <http://autismodiario.org/2008/10/21/agendas-personales-para-ninos-con-autismo/>.

❙ Estructuración espacio-temporal de un aula específica de autismo, de: <http://redined.mecd.gob.es/>.

❙ Metodología de trabajo con personas con TGD y sus familias: aplicación de nuevas tecnologías, de: <http://www.educa2.madrid.org/>.

❙ Agendas personales para niños con autismo, de: <http://maestraespecialpt.blogspot.com.es/>.

❙ Asociación Navarra de autismo, de: <http://www.autismonavarra.com>.

❙ On-line trainautism, de: <http://www.autisme.com/>.

❙ Uso de estrategias visuales para promover la autonomía personal de las personas con TEA desde terapia ocupacional, de: <http://autismodiario.org/>.

❙ Portal Aragonés de la Comunicación ARASAAC Aumentativa y Alternativa, de: <http://www.arasaac.org/aac.php>.